U0694966

丛书编委会

总　策　划：来新国　王文成

编委会主任：郭齐勇　周晓亮

编　　　委：来新国　陈知涯　张　彧　尹格韬　沈　众

　　　　　　王文成　孟淑贤　周长志　罗养毅　秦　丹

　　　　　　乌　琛

大家精要

罗泽南

谢世诚 著

陕西师范大学出版总社

图书代号 SK16N1008

图书在版编目（CIP）数据

罗泽南/谢世诚著. —西安：陕西师范大学出版总社
有限公司，2017.1（2024.1重印）
（大家精要）
ISBN 978-7-5613-8740-5

Ⅰ.①罗…　Ⅱ.①谢…　Ⅲ.①罗泽南（1807—1856）—
传记　Ⅳ.①K825.2

中国版本图书馆CIP数据核字（2016）第272666号

罗泽南　LUO ZENAN

谢世诚　著

责任编辑　郑若萍
责任校对　马凤霞
特约编辑　唐玉兵
封面设计　张潇伊
出版发行　陕西师范大学出版总社
　　　　　（西安市长安南路199号　邮编710062）
网　　址　http://www.snupg.com
印　　制　永清县晔盛亚胶印有限公司
开　　本　650 mm×930 mm　1/16
印　　张　10
字　　数　100千
版　　次　2017年1月第1版
印　　次　2024年1月第2次印刷
书　　号　ISBN 978-7-5613-8740-5
定　　价　45.00元

读者购书、书店添货或发现印刷装订问题，请与本公司销售部联系、调换。

电话：（029）85303879　　传真：（029）85307864　85303629

目　录

前　言

　　罗泽南（嘉庆十二年至咸丰六年，1808～1856），字仲岳，号罗山，出生于湖南湘乡一个亦耕亦读的贫民家庭。他的一生以咸丰二年（1852）为界，前后主要做了两件大事：

　　罗泽南首先是一位理学家。咸丰二年以前，罗泽南精研理学及经世之学，确立了对理学的信仰，终身奉为圭臬。他写了许多著作和文章，在阐发理学著作时形成了自己的观点，并讲学乡里，培养了一大批门生弟子。罗泽南的思想比较集中地反映了中国进入封建社会末期程朱理学和经世致用思潮发展变化的情况。

　　咸丰二年以后，罗泽南投笔从戎，与太平军作战，对湘军的创建和发展起过重要甚至关键的作用，成为湘军中少有的独当一面的大将，参与制定了多项事关全局的战略决策，指挥过多场重大战役，为清王朝立下了汗马功劳，从而得以秀才的科举功名，战死疆场后被清廷特谥"忠节"。

　　然而，罗泽南更是湘军著名的"儒将"。据记载，曾国藩死后，一个叫谢维藩的人在挽联中曾这样评价湘军的著名人物："吾楚多武功：新宁伟节，罗山邃学，益阳雄略，湘阴衡阳皆卓荦勋名，相度恢然众贤汇。"可见，在时人心目里，同是儒生出身与太平军作战的人，与江忠源（新宁人）、胡林翼（益阳人）、左宗棠（湘阴人）、彭玉麟（衡阳人）相比，罗泽南是以"邃学"亦即精通程朱理学和经世之学为显著特色的。确实，罗泽南在湘军将领中学究气味最浓，他不仅有系统的理学著作，始终笃信理学，而且在戎马倥偬中仍钻研理学不歇，著述不停，更重要地，在与太平军作战中，他是以其理学、经世之学思想作为指导的。没有他1852年以前的理学、经世之学的思想，就不会有他1852年以后的实践。正如曾国藩在《罗忠节公神道碑铭》中所说："咸丰四五年间，公以诸生提兵破贼，屡建大勋，朝野仰叹，以为名将。而不知其平生志事裕于学者久矣。"

因此，剖析罗泽南的思想及其实践，对于促进中国近代史、中国近代思想史的研究，均有重要意义。就让我们来鸟瞰一番这位"罗忠节公"吧。

第 1 章

风雨如磐暗故园

　　湘江跃出广西灵川的海洋山后，穿灵渠，挟潇水，入洞庭，一路北上，涛声万古，滋润着富饶美丽的潇湘大地。她所哺育的三湘儿女，生生不息，代有人杰。清朝嘉庆十二年十二月二十二日（1808 年 1 月 19 日），我们的传主即诞生于湖南省湘乡县爱湾洲的善庆乡新林里一户罗姓人家。家人为他取名泽南，字仲岳。新林里地处罗山之麓。罗山山峦秀丽，清泉甘洌，"群峰钩连，四面罗列，故名曰罗山"。罗泽南从小即对此山十分钟爱，因而长大后又自号"罗山"。他还有一字叫培源，三十岁时，他又改号"悔泉"，不过这一字、这一号并不流传，人们仍喜欢称他"罗仲岳""罗罗山"。

　　罗氏先祖世居江西。元朝时，其族中有叫华十三郎的由吉水迁徙至湖南衡州，随后他的儿子又迁至新林里，这一支子孙遂世居此地。罗泽南的曾祖父是罗日阮，曾祖母萧氏；祖父是罗拱诗，字六艺，祖母贺氏；父亲是罗嘉旦，母萧氏。罗泽南排行第二，上有兄长罗清漪，早卒；一个弟弟叫罗泽曙，但远

不如他有名。还有姐妹三人，她们与所嫁的丈夫，皆平常
无闻。

一、日之将夕，悲风骤至

罗泽南出生至成长时期，正处在清王朝由盛转衰之际。

乾隆以降，作为中国最后一个封建王朝的清王朝，已经经
历了鼎盛时期而无可挽回地开始走向全面衰败：政治日趋腐
败，经济不断恶化，阶级矛盾步步尖锐。以嘉庆元年（1796）
发生的川楚白莲教起义为起点，各种社会动乱连绵不断，其景
况正如当时著名的思想家龚自珍在《尊隐》和《乙丙之际著议
第九》中所形容的那样："日之将夕，悲风骤至""履霜之屦，
寒于坚冰。未雨之鸟，戚于飘摇。痹痨之疾，殆于痈疽。将萎
之华，惨于槁木"。而西方资本主义侵略者正虎视眈眈，伺机
东侵，力图打开中国这一东方最大的市场。罗泽南出生时，英
国等国的鸦片走私已步步深入。道光二十年（1840）罗泽南三
十四岁时，第一次鸦片战争终于爆发，清王朝遭到惨败，随后
被迫签订了《南京条约》等一系列不平等条约，中国从此沦为
半封建、半殖民地社会。

湖南作为一个内陆省份，鸦片战争前后，同样避免不了逐
步衰微的命运，但又有其许多特点。

湖南地处中南，与川、鄂、粤、桂、赣诸省犬牙交错，独
特的地理位置，使其成为鸦片集散地。道光十八年（1838），
时任湖广总督的林则徐在辖境内厉行禁烟，仅半年时间即在湖

南查获烟贩十余起，收缴烟具两千余件，以后又不断破获境内走私鸦片大案多件。鸦片战争中，湖南虽非前线，但也是受害深重的省份之一，影响遍及穷乡僻壤。及至鸦片战争以后，鸦片弛禁，鸦片贸易合法化，毒品遂得以更加迅猛地进入湖南，白银外流加剧，钱贱银贵的矛盾更加突出。财力只相当于江苏、浙江一个大县的湖南此时分担了巨额赔款，最终加重的只是人民的负担。清政府除搜刮聚敛外，蔑视民生，以致湖南连年水旱频仍，风灾、虫灾迭现，实乃民不聊生。

更引人注目的是，此时湖南的吏治腐败更加严重。

清代的吏治，一直存在着官员贪污、官员"疲玩"（腐化堕落、旷误公事）和胥吏违法三大顽症。这三大顽症此时在湖南的表现相当突出。看看当时官方记载的一些情况，实令人触目惊心：

道光初年，湖南署攸县知县叶起鹏征收农业税时，竟然私定每石大米折价五六千文，超过每石二千文左右的正常价格的二三倍。这种差价，就落入了叶起鹏的口袋。

许多官员不仅贪财，而且好色。湖南湘潭县知县灵秀在署理龙阳县知县时，看中了捕役周顺的女儿。尽管此女已嫁给傅元，灵秀竟威逼周顺将她卖给自己为妾。为掩人耳目，灵秀又令周顺诡称是将该女改嫁给王姓，并给傅元钱十八千文，逼其写下契纸。后因事情败露，丑声四布，灵秀又将该女转送给一个叫王国磐的为妻，仍付给原买契纸，想令王国磐充当他伪造的原买主王姓，以掩饰其丑行，实属无耻之尤。

布政使是清代一省的最高民政、财政长官。而湖南布政使惠丰自升任此职后，养尊处优，对吏治民生一概不管，一切公事无不废弛，成天忙于修建亭台楼阁、水池花园，宴飨宾朋，养畜鸟兽宠物。衙署中有一只取名叫"洋八哥"的鸟，经惠丰精心饲养，长得油光水滑，能说会道，每当宴客时，惠丰总要作为保留节目取出"洋八哥"表演一番，甚至酣嬉终日，如醉如痴，以致民间称之为"惠顽"——既说其"会玩"，又讽刺其冥玩不灵。

与精于贪污、渔色、玩乐相比，官员们对待公事就大为马虎了。如湖南桃源县知县张梦蛟在审理民妇何潘氏身死一案时，竟然忘记将供词记录上报。直至何潘氏的亲属赴京控诉，被递回审理后，张梦蛟才发现这一漏洞，于是急忙对原件倒填日期，补送上司，企图规避处分。

在清朝吏治腐败中，胥吏的违法乱纪是普通百姓最直接身受其害的一大问题，直至清朝灭亡也一直无法解决，号称与清政府"共天下"。

胥吏由小吏和差役组成，本是清朝国家机器的一个环节，也是清政府实行统治的不可缺失的爪牙，但清政府却给予胥吏极其苛刻的经济和政治待遇，并将其大部分视为贱民，而导致胥吏集体前途无望，转而寡廉鲜耻，肆无忌惮地以权谋私。

如包括湖南等有征运漕粮任务在内的各省，负责集中征收漕粮的胥吏，贪污的花样百出。胥吏先以贿赂从州县官手中谋取此职，得以承包该县漕粮征收，私征数目即由其决定。再与具体征收的漕书等勾结，上下其手，以完作欠，以少报多，真单与假单互淆，新赋与旧赋混牵，在一派混乱中浑水摸鱼，大发其财。又有胥吏充当粮差，将乡僻小户的通知单——"易知单"扣住不发，勒令折价交兑，每米一石，往往勒索制钱七八千文。州县官收兑时，胥吏头役就在仓外巡逻，粮户交米，必须向其交足私费方被准许验米交兑，否则以米色不合格而拒收。粮户好容易得以赴仓交米，但收兑的胥吏大斛进，斛口开宽，额定五斗的一斛可至六斗以外。随后，胥吏又公然将每十袋漕米扣出一二袋，名曰"扣猪"，缺额则掺和粮秕秕谷以充数。

胥吏还擅长伪造文书印信牟利。道光四年（1824），湖南河溪辰州营书差王枕暹、镇筸营书差王枕桦等人，串通道书谢国铭，雇用朱三等人，私雕各营关防印信十三颗，冒领司道库米折、罚俸等项银两二万二百余两，硝磺五万九千余斤，行骗对象遍及永州、靖州、长安、绥宁各营，这是当时引起轰动的一件大案。

在刑事司法方面，胥吏牟财的一大特点是私设"班馆"即拘留所。道光十五年（1835），有人向道光帝揭露湖南宝庆府属邵阳县私设班馆的黑幕。据称该县有正式差役千余人，非正式的"白役""散役"二千余人，头目有号称"窃盗阎罗关"的谢定，号称"四大寇"的周捷、萧斌、萧祥、李连，以及号称"十八路诸侯"的鲁宾等十八人。他们私立"卡房"，即班馆三所，一名"外班房"，一名"自新所"，一名"中公所"。往往有田土、婚姻等很寻常、细小的讼案，差役将原被告和人证传到后，一齐尽数押入外班房，对他们进行残酷的凌虐：拷打，私用镣铐束缚，甚至以长绳系其右手、右足大指，悬于空际，取名为"钓半边猪"，迫使其交钱买命。胥吏勒索到了钱银后，当事人才被押入自新所，同样经过一番折磨，再被发入中公所，在此处又被索取"上灶""摊襥"等费用，才被准许吃饭就寝。每年三卡内被折磨而死的在押者不可数计。凡是垂死之人，差役首先向主官投递该人生病的病状，借以推卸责任。更有讼家的仇人，重贿差役钱财，差役遂将被押者用"好汉架""对面笑""魁点斗"等酷刑凌磨致毙。

胥吏的为非作歹，又与主管官员的庇护分不开。他们之间有着密切的不正当的经济关系。胥吏竭力在经济上拉拢官员，往往将其胶削民财所得，主动予官分润。如御史金光杰曾揭露称，州县到任，有向各房、班书吏、差役收"点卯费"的陋规。房书即于点卯之日，先行缴入，各役则俟有差遣之事时陆续缴完。此外还有经承注案、差役买票等费用。又有新选之官甫经到省，书役等即先借钱给这些官员作活动、安家的费用。当案件发生时，遇有催查事件或传集案证，胥役即出资打点，指名求派，其费自数千至一二十千不等，此为"坐差费"，又称为"买票钱"。本官得钱后即将此事派给该役，此后无论案件进展如何、延续多久，皆不换人接办。该胥吏即凭此敲诈勒索，为所欲为，主官则不闻不问。这种状况在湖南也特别严重。

吏治的腐败，严重激化了阶级矛盾，导致湖南的动乱不断发生。

道光十一年（1831）十二月，湖南永州府江华县锦田乡长塘寨赵金龙率领瑶民五六百人起义，随后参加者近万人，并一度攻占新田县城，杀死知县王鼎铭。清军先后出动万余人，以伤亡将官二十五人、士兵七百五十人的惨重代价才将起义平息。事后道光帝在上谕中曾说："此次该逆滋事，虽讯无激变起衅别情，惟该逆先杀会匪及书差男妇多人，可见平时受奸民欺侮、蠹役吓逼结怨已深，不能因该逆业经谋反概置不问。"道光帝此话虽闪烁遮掩，但实际上是承认赵金龙起义是由吏治败坏所引发的。赵金龙起义前，制办旗帜，铸造枪炮，当地的官员对此竟然毫无觉察，甚至对赵金龙出入用旗帜护卫这种明显的越轨行为也一无所知，数百人几乎是在官员眼皮底下完成了起义准备而无人过问，实乃滑天下大稽之事，当地官员的颟顸状况，实在令人吃惊。当地原有专任官"理瑶同知"，自嘉庆十九年（1814）设置以来，不少任职者皆尸位素餐，从不"理事"，不是谋得差事远出，即是钻营得以留省办公，鲜有莅任者。如当时的现任理瑶同知王立名自嘉庆二十五年（1820）选授此职后，从不到涛墟本署"办公"，一直逗留省城，营求差委。理瑶同知衙门已衙署倾欹，吏役星散。当他听说赵金龙起义的消息后，即夤缘湖南巡抚将其调署长沙府通判，令其押运进京，以为脱罪。道光帝斥责这些地方官"平日苟且因循，养痈贻患"。从维护清政府统治的角度来说，这一指责一点也不过分。问题在于清朝官员的这种恶习已病入膏肓，时过境迁，不能有丝毫改进。道光二十年至咸丰元年（1851）间，湖南自然灾害更加频仍，官吏倒行逆施有增无减，天灾人祸交相呼应，其结果是，湖南境内哀鸿遍野，动乱更此起彼伏，不绝于耳：

　　道光二十一年十二月十二日（1842年1月22日），湖北崇阳县已革生员钟人杰，因反抗胥吏勒索，与陈宝铭等聚众三千余人在湘鄂边界崇阳、通城一带起义，道光二十二年正月十三日（1842年2月22日）一度攻入湖南平江境内，重创清军。直至正月二十一日（3月2日）清军攻占崇阳，钟人杰等被俘杀，湘东北才得以暂时安宁。

道光二十三年五月（1843年6月），宝庆府武冈州监生曾如烓、贫民曾以得聚众阻米出境，并杀死知州徐光弼。

道光二十四年（1844），耒阳又发生了阳大鹏领导的群众抗钱漕积弊的斗争。

道光二十六年（1846），广西会党首领胡有禄潜入湖南，袭攻宁远县城。次年胡有禄又与朱洪贵攻入江华县境，杀把总黎景星、武生周承谟。同年，在东安、祁阳等地还有王宗献、魏洪培等利用宗教聚众起事、反抗征收钱粮的斗争。

道光二十七年（1847），乾州厅苗民因水旱虫灾导致粮食严重减产，起而反抗地主勒收租谷，发生了石观保、杨光明、杨长贵等领导的起义。正当清政府手忙脚乱穷于应付之际，九月十二日（1847年10月18日），雷再浩在新宁黄卜峒、滑溪等地发动了瑶民起义。直至十月二十六日、二十七日（12月3日、4日），雷再浩和另一首领李博方先后被俘。然而，道光二十九年十月十三日（1849年11月27），新宁又爆发了李沅发领导的更大规模的瑶民起义，攻占了新宁县城，至十一月二十九日（1850年1月11日）才主动撤出。随后起义部队转战湘桂边界，多次给予清政府以沉重打击，直至道光三十年五月初六日（1850年6月15日）李沅发被俘，起义随后才被扑灭。

这些大大小小的起事，既沉重打击了清政府在湖南的统治，大大削弱了清政府的力量，更是一种信号，预示着迅雷即发，山雨欲来，更大规模的动乱即将发生。

二、强心针与手术刀

在这历史的转折关头，阶级矛盾和民族矛盾的尖锐发展，向封建统治者及其思想家们提出了迫切的要求：寻找有效方法来阻遏造反浪潮，维护清王朝统治。于是程朱理学亦即宋学（明朝对此有进一步强化和发展，故也称宋明理学）再次盛行起来，逐步超越了盛极一百多年的汉学亦即乾嘉考据之学，成了朝野士大夫的思想主流。

汉学之所以会被超越，走向式微，是因为它作为一种经院式的纯学术，采取的是形式逻辑的思维方法，研究的对象是古典文献的文字音训，虽然取得了许多学术成果，但却不能提供完整的思想体系，更远远脱离实际，不能提供使政权长治久安的方法，修身齐家治国平天下这些方面正是统治者巩固政权所需要的。

与此同时，经世致用的实学，也进一步得到广泛的流行。

儒学历来存在着"内圣"和"外王"两个层面。问题在于：程朱理学虽未放弃"外王"的目标，但其本质上则是一种伦理之学，强调的是自我修养，实际上淡化以至取代了经世致用。此时，封建思想家们也终于认识到，单纯提倡理学，对于封建统治的巩固虽有作用，但却是一帖慢剂。如梁启超在《中国近三百年学术史》中所描绘的那种"无事袖手谈心性，临危一死报君王"的迂腐理学家同样无济于事。封建统治者当时还迫切需要"强心针"和"手术刀"，即经世致用的实学。然而，每当社会变动之际，理学家中也会分化出一部分人来，他们尽管依然谈理讲性，强调"内圣"，但同时也从事"外王"，竭尽全力挽救封建统治，他们往往高扬经世致用的旗帜，抵御外侮，镇压内乱，有手腕，有魄力，其作用是那些空头理学家或考据家无法比拟的，因而被称为"经世派"。19 世纪中叶就是如此。从鸦片战争到太平天国起义前后，陶澍、包世臣、林则徐、魏源、曾国藩、左宗棠、胡林翼等人相继蔚起，这批人讲理学也讲经世之学，理学为他们提供精神支柱，经世之学为他们提供措施和方法，两者互为补充，相得益彰，形成了一股强有力的社会思潮。

这股思潮在湖南特别迅猛。令人惊讶的是，上述诸人中，除包世臣为安徽人、林则徐为福建人外，全是湖南人。之所以如此，与湖南在思想上的特殊传统是分不开的。

湖南历来具有讲理学的传统。理学对湖南的思想和学术影响极深。理学开山祖师周敦颐籍隶湖南道州，"濂溪先生"的称号即来源于其家乡一条河流的名字。北宋初年创建的长沙岳麓书院，是当时全国著名的四大书院之一。南宋时，著名理学家朱熹、张栻曾在此讲学，弟子达千人。清代汉学盛行之际，湖南仍以理学为正宗。这一方面是因为湖南地理环境较为闭塞，另一方面更是由于从明末清初的大思想家王夫之开始的湖南著名学者均提倡理学：王夫之一生精研理学，深刻阐述和发挥改造了张载、朱熹等人的思想，开创了湖南有清一代讲理学的新学风。乾嘉时期，罗典及其弟子欧阳厚均先后执掌仍是湖南最高学府的岳麓书院二十七年。如徐珂在《罗慎斋恶袁简斋》中所述，罗典"以程朱学诲人，造次必依礼法"。《同治安仁县志》则赞誉欧阳厚均"一遵慎斋先生遗法"。其后丁善庆执掌书院时，也如曾国藩在《翰林院侍读学士丁君墓志铭》中所述，仍"以闽洛正学陶铸弟子"。

这种独特的环境孕育了湖南士子独特的学风，对此罗汝怀在《绿漪草堂文集》中评价说，他们"以义理、经济为精闳，见有言字体音义者，恒戒以逐末遗本。传教生徒，辄屏去汉唐诸儒书，务以程朱为宗"。《长沙县志》之《士习》亦指出，湖南"濂洛关闽之传迄今未坠，其训课子弟以经学也，家有塾，里有众姓同学之书馆，弦诵之声四时不绝"。同时，从王夫之开始的诸学人也无一不精研各种实学，成就卓著。而罗泽南最终成为这批人中的一员，他的思想亦正是这股思潮中的一朵浪花。

第 2 章

湘乡苦书生，长沙好秀才

一、生于末世运偏消

罗泽南的成长经历十分曲折，这与他的出身有很大关系。

罗泽南出生在一个"耕读之家"——有一点文化的小自耕农家庭，其祖父、父亲十分重视子弟的教育。罗泽南六岁时，即被送入其堂叔父罗简拔开设的私塾学习。十岁至十六岁，又先后跟随族人罗巨卿、罗廷弼以及徐姓老师、张叠浦老师读书。据说罗泽南从小即十分聪明好学，入塾前即开始识字，每教一个字，即能牢记不忘，还特别喜欢看楹联，不管是否认识上面的字，见到了就仰面观看，若有省悟。入塾后更是过目成诵，每日可达千余言。其居室外有两间店铺，一为药房，一为染坊，罗泽南十一岁时即为此撰楹联："生活万家人命，染成五色文章。"按照传统的做法，罗泽南此时学习的主要目的是应付科举，主要内容是熟读朱熹的《四书集注》，学作八股文、试帖诗，逐步伴之以其他文史典籍。罗泽南很早即对《左传》情有独钟，不仅时常阅读之，还自己命题，仿效《左传》的篇法作传记，如战、守、攻、取之类。

从这些情况我们可以想见，罗泽南从小就显示出，他是一个有志于学且聪颖、可造就的人才。

然而，《红楼梦》中的两句诗对罗泽南同样适用："才自清明志自高，生于末世运偏消。"清末，给大部分平民子弟的出路本已极其有限，而问题更在于，从现有史料可知，罗家当时十分贫寒，罗泽南是在极端艰难的环境下读书的，有时甚至衣食难继。但亲人特别是他的祖父、母亲望子成龙，对其寄予厚望，不惜节衣缩食，尽其所能、竭其全力供其读书。罗泽南说过：当时他的祖父年将七十，家业零落，四壁萧然，有时甚至连粥也吃不上，但一听到罗泽南的读书声则拈须自喜，饥寒俱忘。为供应罗泽南及塾师的饭食，罗泽南的祖父经常典当衣物换钱，一件布袍被他亲自送入当铺达六七次。一旦得到米，则无论远近，必亲送到塾馆中。他曾经对罗泽南说：我让你读书，是要让你明大义，识纲常，不坠先人的清德。罗泽南还说过：他十五岁时，有一天母亲得了一把米，立即送到塾馆给罗泽南，并且告诉罗泽南将来不要忘记这种苦楚。罗泽南对这些遭遇一直不能忘怀。这就以行动和语言给罗泽南上了世界观的启蒙课，既促使他更发愤读书以改变社会地位和家庭状况，更启迪他认同儒家的这种伦理纲常。这种状况，正如李元度在《诰封光禄大夫周公筱凤神道碑铭》中所说："父兄教子弟，自束发授书，即迪以忠孝，为有用之学。"

罗泽南十八岁结婚,娶妻张氏,开始了应试、养家的生涯。他设馆教蒙,先后执教于石冲萧宅、椿树坪、新塘刘宅、江家塘张宅。在椿树坪教馆时,离家十里多路,罗泽南每天晚上将学徒所送肴馔带回家,给祖父食用,恪尽孝道。同时,他积极准备和参加科举考试,努力改变自身的地位。为此在二十岁和二十三岁时,他又就读于湘乡涟滨、双峰书院。这两个书院虽是初级书院,但皆建于乾隆初年,已有一百多年时间,堪称历史悠久,罗泽南在其中受到的理学熏陶无疑正统而浓郁,应试技能也会得到提高。但罗泽南命运多舛。从十九岁至二十九岁的十年中,他屡试不中,家中穷困潦倒,灾难迭起,祖父、母亲、兄嫂、姐妹相继死去了十一人,又连丧三子。道光十五年(1835),湖南旱灾、瘟疫并起,罗泽南二十九岁,应试落第,黯然出场,无钱乘车、舟,半夜从长沙徒步回家;家中则田地荒芜,粒米全无,二儿子死去已两日,侄儿病剧,第二天也死去;妻子张氏因而痛哭致双目失明,不久耳又重听。这种状况,现在读来,皆令人深感恻然。时人说他"奇穷至戚,为人世所罕见",应是确评。

二、理学后起之秀

处在如此逆境中的罗泽南,出路何在?

贫穷的儒生失意后,确实存在这几种选择:抛弃举业,或负贩,或游幕,或教蒙糊口,甚至值风云际会,加入造反行列,等等。

然而，逆境中的罗泽南却从未动过这种念头。他不怨天，不尤人，罔顾艰难困苦，在被迫做塾师谋生的同时，继续攻读不辍，弦歌不绝，家贫无灯，则读书月下，疲倦即露宿直到天明。他自己也说过，那时他"奔走衣食之余，窃自乘夜读书，冀成先志，所居穷僻，师承无人，萤灯糠火，夜以继日，盖留心词章者有年"。揣测其原因，是科举和理学的双重刺激。他对科举之路没有绝望，但更重要的则是他对理学在深入钻研基础上形成了高度认同。这就是湖南重理学学风的熏陶作用。这个过程大体如下。

　　罗泽南在应科举考试时就懂得了理学的一些基本内容。因为为作八股文、试帖诗，他必须熟读朱熹的《四书集注》等理学最基本的典籍。

　　罗泽南的这种以追求科举为主要目的的状况到道光十六年（1836）他三十岁时，有了一个根本改变，这与王安辅的影响是分不开的。这一年，罗泽南在湘乡流南塘与王安辅同馆授徒，两人常在一起讨论学问。王安辅引导罗泽南研究理学，从而引起了他的浓厚兴趣，据《同治湘乡县志》记载："王安辅，字镘云，号星垣，以县试冠军入泮，性孝友，崇实学，里居授徒，教人以立心制行为先，罗忠节泽南与论为学之要，心折之，遂究心正学。"在王安辅的引导下，罗泽南阅读了《性理》一书，进而开始研究洛闽之学，并大彻大悟，认为："予迩年始得宋儒之书，读之，因复求之四子六经，至道精微，固非愚昧所能窥测，然已知圣贤之道不外身心，往日之所学，末学也。"由此开始，他正式钻研理学和经世之学，并逐步形成了自己的思想。他回想其祖父关于读书的教诲，更感叹祖父的观点是多么正确。他改号"悔泉"，写了《号悔泉说》，表示要改悔以前追求"末学"的错误，皈依正学，第二年即撰写了《常言》，即《人极衍义》，着力宣传理学正统思想而不管别人如何"皆怪为迂"。从此他虽然仍参加科举，但显然是将此放在第二位了。他在《复某友书》中说："至于今日取士必由科举，吾亦按期课文，试期至则应之，技之售不售，是固有命存乎其间，非吾之所能为，固不必先为之虑也。"

当罗泽南走上这条道路时，周围的师友给予了他很大的影响和帮助。

朋友之中当首推刘蓉。刘蓉字孟容，号霞仙，湘乡人。他精研性理，博通经史，也讲经世之学，道光十八年（1838）前后与罗泽南相识，罗泽南同刘蓉谈论《大学》的明新之道，刘蓉为之叹服，与罗泽南订为莫逆之交。随后刘蓉闭户读书十年，时常与罗泽南书札往来，彼此规劝，考求先辈圣贤为学的要旨，身体力行，得到了时人的倾慕赞誉。从现存资料看，罗泽南对刘蓉很信任，经常与之相互勉励，按理学要求学习、修养，准备为清王朝效力。许多话往往直言不讳，如他给刘蓉信中所说是："叨在知心，直陈鄙见。"罗泽南写的文章往往也请刘蓉先阅指正。如罗泽南写了《论养气说》一文后，诚恳地写信希望刘蓉对此文仔细阅读，代为订正瑕疵，文中如有有悖于古，或有戾于今之处，或选择有所不精当，语焉有所不详者皆一一标明，使自己认识得到提高。刘蓉阅此文和信后，回了一封长达五千余字的《复罗仲岳〈论养气说〉书》，与罗泽南详细商榷有关的理学问题，大的意见即提了十二条，不少意见均被罗泽南后来在其他著作中采纳。罗泽南的《人极衍义》的序言，也是刘蓉写的，可见他们相知之深。

罗泽南与左宗棠之间也有过学术交往。这种交往大约在19世纪30年代末期即开始。左宗棠对此印象极深，念念不忘。如左宗棠在同治七年（1868）给杨浚的一封信中说及自己成长经历时称："稍长，从贺侍御师游，寻绎汉宋先遗书，讲求实行，常与罗罗山、丁秩臣为友，亦藉窥正学阶梯，不陷溺于词章、利禄之俗说。"双方感情愈来愈深，曾深入探讨过诸多问题，如对统治者搜刮财富问题，左宗棠曾说："变乱以来，捐输频数，其由农致富、由先世积累致富者，无不搜括殆遍……先友罗忠节、王壮武尝言：乱世之名宜慎，取财货亦然。"罗泽南亦曾宣告贺熙龄将季女配予左宗棠之子左孝威的遗命，为这对"娃娃亲"拉线："贺氏为乡贤御史、吾师蔗农先生讳熙龄季女。道光二十六年孝威生，师闻甚喜，谓是宜婿吾女。"这一年贺熙龄逝世，"丁文学叙忠、罗忠节公泽南以师遗命告，遂盟婚焉，咸丰十一年来归"。又如咸丰元年（1851），左宗棠在长沙与罗泽南及其弟子王鑫、李续宾等人相会，多年后他还写诗回忆说："紫光画阁且迟开，竞羡长沙好秀才。省识旧游如昨日，春风归咏定王台。"表现了对志同道合的契友的无限尊敬和思念之情。

罗泽南与曾国藩相见较晚，但相互了解却并不迟。自道光二十四年（1844）起，曾国藩之弟曾国华、曾国荃即随罗泽南读书，受业于门下。曾国藩在家信中数次提及此事，予以充分肯定："六弟（曾国华）、九弟（曾国荃）今年仍读书省城罗罗山兄处附课甚好。"又说："六弟、九弟在城南读书，得罗罗山为之师甚妙。"认为罗泽南称得上明师。曾国藩与罗泽南之间也时有书信往来，曾国藩对罗泽南十分尊敬，在家书和给罗泽南的信中一再称赞罗泽南读书明大义，是里中的颜子，以不曾会面和未能将其举荐而遗憾。此后，罗泽南又为曾国藩之子曾纪泽与贺长龄女儿作伐结姻，"罗山前有信来，词气温纯，似有道者之言。余已回信一次。顷又有信来，言纪泽未定婚，欲为贺耦庚先生之女作伐，年十二矣"。此事虽因曾国藩一度听说此女为庶出而有所波折，但最后仍获得成功。由此亦可见两人之关系。

罗泽南与精通理学、经世之学的湘阴郭嵩焘、郭崑焘弟兄也有过学术交往：道光二十四年，郭氏弟兄同在长沙，与罗泽南往来问学，相得甚欢。罗泽南在《寄郭意诚（崑焘）书》中曾痛快淋漓地鞭挞"词章之士"在科举道路上钻营的丑态，表明了自己追求"正学"鄙薄功名的观点，并转述刘蓉之约："来年欲共读麓山，以毕夙志。"

此外，罗泽南与刘典也早有交往，曾在城南书院一起切磋过学问。

对罗泽南研究理学、经世之学起到前辈老师指导作用的则有唐鉴及贺长龄、贺熙龄弟兄。

唐鉴，字镜海，湖南善化人，嘉庆十四年（1809）进士，是与倭仁齐名的理学大师，曾任太常寺卿等职。《清史稿》称他"潜研性道，宗尚洛、闽诸贤"。他力辟王阳明心学，故在

《学案小识》《清儒学案》中将坚决批王的陆陇其推为"传道之首，以示宗旨"。同时，唐鉴又极力提倡经世致用之学，曾主持过北京一带水利工程，著有《畿辅水利备览》。在任广西平乐知府时，他以采用分化与镇压相结合的手腕，扑灭过瑶民起义。太平天国肇举之初，清廷只把它看成一般会党起义，但唐鉴却向咸丰帝指出了形势的严峻性，事态的发展完全证明了唐鉴的预见性。罗泽南与唐鉴的交往开始于他在长沙授馆时，唐鉴称："余于丁未年（道光二十七年，1847）见之于会垣。"据罗泽南年谱记载，一年多后，罗泽南在长沙左辉春家授徒，唐鉴正居家，罗泽南前往问学，大得唐鉴的赏识，相处甚洽，过从无虚日。唐鉴对罗泽南和刘蓉非常器重，竭力劝他们走研究理学的"正道"。道光二十七年他与罗泽南见面不久，即赠给罗、刘诗称："晦翁不复作，吾道苦无师，榛芜塞正路，何以剪剔之，乃于众木中，迥欠最高枝，傲霜吾岂敢，相与共扶持。"反映了希望罗、刘成为理学"最高枝"、相互扶持、共卫圣道的态度。罗泽南死后，唐鉴又写诗悼念说："三载勋庸动圣皇，儒生义愤不寻常，乡间子弟同肝胆，腹里读书作斧戕。一去斯人谁郭李，更从何处说朱张，可怜江汉朝宗水，都是忠魂大战场。"他将罗泽南比成唐朝平定安史之乱的元勋郭子仪、李光弼，理学大师张载、朱熹的传人。在《西铭讲义序》中他又称赞罗泽南是"学道为己之古君子也""造诣精纯，识量宏大""论学术不让于薛、胡，纪勋庸则几媲美于郭、李，古有几人，今有几人乎"。其中薛指明朝的薛瑄，胡指南宋的胡宏，皆是著名的理学家。这可见罗泽南思想与唐鉴思想相似之处颇多，亦足以证明罗泽南在唐鉴这位理学大师心目中的地位。

贺长龄、贺熙龄弟兄对罗泽南的影响和帮助也非同一般。

二贺，湖南善化人，皆是湖南著名人物：既是名宦，又为名宿。贺长龄，字耦耕，号西涯，晚年号耐庵，嘉庆十三年（1808）进士，历任知府、道员、按察使、布政使、巡抚等职，道光二十五年至二十六年（1845~1846）升任云贵总督。平生笃宗理学，尤其着重身心修养，他一直劝人学习理学，如给朋友的信中曾说："《小学》《近思录》及《性理大全》等书断不可不读，幸勿视为迂谈，逖观曩哲从程朱入门者，文章不期佳而自佳。"同时，他又竭力提倡经世致用，曾由他发起并主持其事，魏源具体负责编纂了《皇朝经世文编》，这是一部辑录清代学者有关经世致用文章的鸿篇巨制，对于湖南以至全国皆产生了极大影响："三湘学人，诵习成风，士皆有用世之志。"贺熙龄，字光甫，号蔗农，也为嘉庆进士，官至四川道监察御史，曾执掌在湖南地位仅次于岳麓书院的城南书院多年，"辨义利，正人心，训多士，以立志穷经为有体有用之学"。

贺氏兄弟对罗泽南和刘蓉异常器重，"降屈爵位齿德之尊，贲然下顾"。罗泽南极可能曾受业于贺熙龄，据其年谱记载，道光二十年（1840）罗泽南在城南书院肄业。由此推之，罗泽南大概在道光十九年入书院，因为是年他考取了秀才，可能是为考举人而入该院深造。据《慎庵诗钞·城南饯别图诗序》所记"道光己亥秋日，小集城南，饯别贺蔗农先生赴阙"可知，道光十九年秋，贺熙龄奉诏入京，但他此次离开城南书院的时间并不长，据贺熙龄的《崇屺乡贤录》称，他"道光十九年入都，二十年二月补山东道监察御史，六月转掌四川道监察御史，九月以目疾乞假归"。回乡后仍主城南书院讲席。所以，从广义上说罗泽南总是贺熙龄的弟子，罗泽南问学唐鉴的同时，也与贺长龄交往密切。更值得一提的是，道光二十八年贺长龄临死之前，遗命让罗泽南任贺氏家塾塾师，教授其子，罗泽南遂于咸丰元年（1851）到贺长龄家中执教，至咸丰二年与太平军作战时才离开。如果相知不深，不了解罗泽南的品德与学识，贺长龄是不会把培养儿子的重任交给他的。

从罗泽南思想的形成过程可以看到，湖南当时已产生了一个讲理学、讲经世致用之学的知识分子群体，他们敏锐地把握了时代动荡的脉搏，继承了湖南保守的思想传统，正在积蓄力量，时刻准备冲向阶级斗争的前线去扑灭反抗的烈火，维护封建统治和秩序。罗泽南正式治学虽然较迟，但在师友帮助下一经确立志向则坚定不移地努力学习和实践理学与经世之学，很快成了这一群体中的一员并崭露头角。而通过罗泽南的讲学，又影响了他的一大批学生皈依理学，所以，罗泽南又是这个群体联系青年士子的一座桥梁。

从罗泽南个人境遇来说，他的这种努力也没有白费。道光十九年（1839）他终于以府试第一名的成绩考中了秀才。道光二十七年又因学政岁试一等，成廪膳生。随着交往的扩大，声誉的提高，罗泽南的收入也稳步提高，基本告别了以往那种缺衣少食的窘境。于是，他也不能免俗，在道光二十三年三十七岁时，娶妾周氏。周氏嘉庆二十二年（1817）生，小其十岁。但罗泽南喜新不厌旧，对失明已久的结发之妻张氏仍感情甚笃，曾为张氏置办麻将牌，说她最喜好此事。在当时，这也是难能可贵的。

第 3 章

"苔花如米小，也学牡丹开"

——罗泽南的理学、经世致用思想

罗泽南的理学著作主要有以下几部：

首先是前已提及的开山之作《人极衍义》，原名《常言》，这是根据周敦颐"定之以中正仁义而主静以立人极之意"进行推衍，如刘蓉在《〈人极衍义〉序》中所述是"上自天命之原，而下达于人事之著"，以论述"太极"存在的绝对性和修养的必要性。

《周易本义衍言》写于道光二十年（1840），现已佚失，咸丰五年（1855）进攻九江时，罗泽南又著有《周易附说》，根据朱熹的《周易本义》来批判朱熹的《周易八卦图》的观点。这两书估计多有联系。

《姚江学辨》写于道光二十四年（1844），此书是系统批判王阳明"心学"的著作。

《孟子解》写于道光二十五年（1845），此书现未见，疑即现存的《读孟子札记》。《读孟子札记》对《孟子》的有些观点联系实际作了深刻发挥。

《小学韵语》写于道光二十八年（1848），以四字一句的韵句来改写朱熹的《小学》，以便初学者诵读记忆，此书到咸丰六年（1856）罗泽南战死武昌前夕才定稿刻印。

《西铭讲义》写于道光二十九年（1849），此书系统和深刻地发挥了张载的《西铭》所阐述的有关伦理思想。

此外，罗泽南还有一组系列文章：《天地》《仙佛》《鬼神》《性理》《道德》《学问》《文章》，较系统地论述理学问题。另有一篇前已提及的《论养气说》，现已佚，但在刘蓉的有关书信中还可以看到一些内容。

从以上情况可以看出罗泽南的理学有几个值得注意的问题：

其一，他的理学著作多为阐发理学典籍的"讲义"，这是由他的塾师地位所决定的。

其二，他的理学来源较广，采录了张载、周敦颐、朱熹等人理论的精华并有机地融会起来，而不是独宗某一家。

其三，他的理学重点是伦理学，其核心则是根据张载的《西铭》而形成的"中国一人，天下一室"的思想。郭嵩焘在《罗忠节公遗集序》中曾指出："公以武功立名天下，卒殉国难，其视天下事尽然而如伤，其思以一身奠安天下泰然而自任，而其深究夫治乱之原，轻重缓急之势，充然若有以自得也。盖公之学出于《西铭》，博求夫仁之体而得其理一分殊之用，研之精而辨之晰，而其为道又在夫严理欲之防而明义利之辨，其于富贵贫贱祸福死生泊然无足动其心者，而自其少时艰难困苦独处荒山之中，而世变之繁，民生之疾苦，无一不返之于身以求其变通屈伸之理。"这段话极其准确地说明了罗泽南理学的核心和来源。曾国藩介绍罗泽南理学思想时也将《西铭讲义》列于首位，在《罗忠节公神道碑铭》中指出："其为说虽多，而其本躬修以保四海，未尝不同归也。"即其基本思想仍出之于《西铭》。因此，《西铭讲义》阐述的伦理思想，应该是我们研究的重点。

固然，宋明理学到了罗泽南生活的时代，早已走过了全盛时期，从总体上看，清代理学并没有第一流的思想家，没有新的创造。如章太炎所说："清世理学之言，竭而无余华；多忌，故歌诗文史楛；愚民，故经世先王之志衰。"章太炎还指出这三者虽皆有学者从事，然而与宋朝、明朝的成就比较，相差太远了。所以，罗泽南的理学没有也不可能超出程朱擘画的范围。但是，在个别问题上罗泽南仍有所发挥，甚至不惜与朱熹等人的观点相左，这同样是值得我们注意的。

清人袁枚在《苔》一诗中有两句："苔花如米小，也学牡丹开。"以此来形容罗泽南的理学和经世之学，倒十分妥帖。罗泽南的理学、经世之学尽管是来源于张、朱等人，在传统的范畴内扑腾，但也有自己的体系，这就是宇宙观、性理观、伦理—政治观、方法论等。下面，就让我们逐一分析。

一、宇宙观

罗泽南理学的基本范畴仍然是程朱理学的"理""气"

"太极""阴阳""道""性"等。其中最重要的范畴是"理"和"气"。

在《性理》《论养气说》《姚江学辨》《西铭讲义》《天地》等著作中，罗泽南对理和气的规定是："太极者，理也，阴阳者，气也。"太极是天地万物的根本之理："以一理应万事万物之统体，一太极也，以万理具一心，物物之各是，一太极也。"气是构成天地万物的材料："天位乎上，地位乎下，二气交感，化生万物，气以成形，理亦赋焉。"可见，理是精神范畴，气则属于物质范畴。在理和气的关系上，罗泽南认为理和气不可分离："理与气不相离，气之塞处亦即是理之塞处。"但理和气又各相异而不能混同："虽曰天命之理不离乎气之中，要之理自理，气自气，实有不相蒙者。"

值得注意的是罗泽南关于理气关系的另一个观点："理生乎气，理即存乎气之中也，气载乎理，气实统于理之内也。"

理生之于气，即承认了气实际上是理的孕育者和本体，理则成了被派生者，这实际上承认了物质决定精神，从而构成了与程朱截然不同的观点。

朱熹论述理和气谁是本体时说："太极生阴阳，理生气也。""盖理之与气虽同，毕竟先有此理，而后有此气。"他唯恐有人误解他的这种头足倒置的理气观点而特别强调说："所论理气先后等说，正坐如此（按：即'理先气后'），怕说有气方具此理，恐成气先于理。"朱熹的这些话，坚持了理生气、理在气先的观点。

罗泽南对理与气的关系又承袭了程朱的"理主宰气"的观

点："天地之气，若非此理为之主宰，必至散涣而无归，乾坤之道几乎熄矣。"他进一步强调说："天地万物皆实理之所为也……故天得此理有以成其为天，地得此理有以成其为地，日月风雷山川民物得此理有以成其为日月风雷山川民物。"他认为气也是根据理的模式而产生的，"太极既判两仪，以立纯阳之气"即是此意，于是理又成了天地万物的创造者，他则走入了精神决定物质的理本体论。这是罗泽南在理气关系上最主要的倾向。更重要地，从总体来看，罗泽南的大多数著作虽没有明确讲理和气谁是本体，但十分强调理的作用。

由理气观出发，罗泽南对一些宇宙观的其他问题也作了论述，许多观点瑕瑜共见。

关于天地，罗泽南认为："天一积气耳。"从而肯定了天的物质性，他还正确指出："苍苍之色非形质也，人望之所见如是也。"纠正了朱熹的"天之苍苍，此是形体"的错误。他又认为天运动不息："一昼一夜周行三百六十五度有奇而未尝息者，所以称为健也。"他认为地也是物质："地以纯阴之气凝结于天之中。"并且形状固定，"有个形质"。地是由天决定的："天之气甚厚，循环不已，故常聚而不散，天有以施，地得有以成之。"

但是，罗泽南在天地问题上还有一些观点值得我们注意。首先，如前所述，他认为天是由理决定的。其次，他又认为"天即理也"，将物质与精神混为一谈，与他的"天一积气耳"的观点对立起来。更重要地，罗泽南认为天有意志："屋漏之地虽为众人所不及知，而天地之鉴视未尝于此或爽。""天地以生物为心者也，凡天下之民物无一非天地之所生，即无一非天地之所爱。"显然，天有意志的看法并不符合正统的理学观点，比起朱熹等人力图避免直接讲天有意志，而是以理来代替天的思想来，是一个退步，所以刘蓉批评说："天地生物不可谓之有心亦不可谓之无心，以主宰有常言之，不可谓之无心也，以化育流行言之，不可谓之有心也。"

不过罗泽南提出天有意志，主要是为了强调理的权威性，在更多场合，他是以理为核心，将天与理合而为一的。

尽管如此，罗泽南对天地还有一些独到的深刻见解。他肯定天地有内外："天地有内外乎？曰物有内即有外，即天地亦有尽处，此外之为天地者，又不知其凡几，是亦惟此一理以统摄之也。"这番话的含义是，宇宙是无限的，人所了解、接触到的天地只不过是宇宙的一部分而已。而按照理学观点，天地已包括了万事万物，天地之间一气充斥没有限量。如果天地有外，则外在何处？内外交界又在何处？如有内外，则气就有间隔，理又如何统摄？既然一切皆有理统摄，则天地又何分内外？这皆是理学无法回答但又无法回避的问题。罗泽南的观点不仅与正统的理学思想大相径庭，而且揭露了理学内在的矛盾，所以刘蓉指责他说："诗书所记，儒先所传，都无一语及此，斯亦可以存而不论矣。"

罗泽南还提出了天地"消息"即生灭的问题："天地无消息乎？曰：物有息，必有消。即天地会有尽时，继此而为天地者，将不知其凡几，是亦惟此一理以递嬗之也。"这番话固然是为了宣扬理的绝对性，但同时又切实涉及了宇宙生灭的重大问题，并作了正确的回答。宙是无限的，但宇宙的某一部分则有生有灭，旧的灭亡，新的诞生，新陈代谢是宇宙间的根本规律。可见，罗泽南关于天地生灭的看法，含有较强烈的唯物论和辩证法的思想。

关于鬼神，儒家一直具有不太相信鬼神的传统。从孔子到张载、朱熹皆是如此。罗泽南继承了这一传统，并根据其理气观作了发挥。

罗泽南赞成张载的观点，承认有鬼神存在，指出："何以知其有也？曰天地之大，无非此阴阳之气运行而已。张子曰：'物之方生，气日至而滋息，物生既盈，气日反而游散。'其所谓至者，神也，其所谓反者，鬼也，无鬼神则无万物、无天地矣。"张载的话，见之于《正蒙·动物篇》。罗泽南引用阐发这段话，将鬼神解释为阴阳二气变化的产物，是天地万物不可缺少的一部分，从而与世俗迷信的鬼神观划清了界限。

由此，罗泽南按照张载、朱熹等人的观点进一步将神解释成为自然界的奇妙变化："不测曰神，天地之神亦从一阴一阳上见，言其道无不在也……在乎彼忽在乎此，在乎前又在乎后，令人不可测度，故曰神也。"

罗泽南对佛、道所宣传的鬼神观进行了尖锐批判。朱熹认为："气曰魂，体曰魄。""人之所生，精气聚也。人只有许多气，须有个尽时，尽则魂气归于天，形魄则归于地而死矣。"罗泽南即根据朱熹的魂魄观坚决否认人死之后会成为鬼："敢问人既死之后，犹有所谓鬼乎？曰否。人之魂，阳气也，魄，阴气也，阴阳之气交，则魂凝魄聚而人以生；阴阳之气判，则魂升魄降人以死，既死之后其气已散，安有所谓鬼者。"所不同的是，罗泽南将朱熹关于魄是体、是形质的观点，改为魄也是气，将魂魄更统一于物质性，从而使他的观点更带有唯物主义的物活论倾向。此外，他还根据物质同一性观点指出，人与物都是物体，都是气聚而生，气散而死，但物死了未见有鬼，那么人死了又何鬼之有？他还赞同朱熹观点，反对佛教的轮回说。

罗泽南还正确解释了人梦中见鬼的现象，他解释晋景公做噩梦、见恶鬼之事说，这是由于晋景公不义杀人，所以心常惊悸，害怕死者为鬼来祸害他："及其病也，精神已失，心之所思遂形于梦寐，妖由心生。"他并将此例上升到一般，指出："人之梦为鬼所击者，大率如此，无足怪者。"这些观点，深刻正确，发朱熹等人所未发，因而深化了无神论的观点。

罗泽南与朱熹一样，认为"人有不得其死者，其气郁郁不散以为淫厉，是为戾气"，例如，伯有成为厉鬼就是如此；但他比朱熹稍好一点，认为戾气不是"固宜未散"，而是"未有久而不散者也"。他与朱熹一样，认为祖宗与子孙之间也能感通，但比朱熹走得更远，认为"正气"也能与人感通："大圣大贤有功德于民，死则其气虽散而其正气自有不可磨之处，人之气日与往来，屈伸之气常相接续，致齐致洁，尽其诚敬，萃一己之精神以与之为感召未有不相应者。"

纵观罗泽南的宇宙观，我们可以看到他有着许多独特的思想。但从总体上看，罗泽南的宇宙观仍是以理为本体的，因而是程朱的门徒。

二、性理观

程朱理学的性理观，是罗泽南历史观的基础和由天到人的中间环节，因而也是他着重论述的问题之一。

所谓性，是"理"在人和物身上的体现。这就是所谓"理一分殊""天地万物所以与人为一体者，以人与物所禀之气皆天地之气，所禀之理皆天地之理，初未尝有所或异者也"。因此，人性与物性实际上是共通的，但"人与物只争些子气，祇此气特有偏正之异，理只此理，特有明暗之殊"。因而人性与物性又有所区别，这是罗泽南对人性与物性的总看法。

罗泽南主要研究人性问题，他和程朱一样，借助于理和气，将人性与宇宙观沟通起来："人得阴阳之气以成形，即得太极之理以成性。"性是人身的统帅和主宰："天地之气皆此理为之统帅，至人得之以为性，则又为一身之帅矣。"罗泽南秉承程朱观点，赞同孟子的性善说，同时认为性的内涵是"仁义礼智信"这"五常"，并且"发之为恻隐、羞恶、恭敬、是非之情，施之为视、听、言、动与夫君臣、父子、夫妇、兄弟、朋友之则"。

从这些论述中可以看出，罗泽南的性理观是人性论。其实，人性作为人的本质的一部分乃是社会关系的总和，人们的社会存在决定着人性的产生与发展，世界上从来没先天存在的和抽象的"善"的人性，罗泽南宣扬性善论，乃是为了给封建道德的权威性提供理论根据而已："夫忠孝之理，根于天性，遇父而孝，遇君而忠，此理固无不在；即未思父之时孝亲之心未发，未遇君时忠君之心未发，此心所具忠孝之理亦无不在……理具于心，忠孝悉本于性成。"

但是，现实生活中存在着不忠不孝的现象，这如何解释？罗泽南认为："其有不能忠不能孝者，特牿于利欲之私，非其命之本然，然当平旦清明之时，亦必有自然之发露而不可遏者。虽或蔽锢之甚，其理终莫之或灭也。"

对于利欲之私为何产生，罗泽南则着重发挥了程朱理学的"义理之性""气质之性"的观点。"盖人性皆善，因乎义理之同，然其心有善恶之不同者，气质各殊故也。"他具体解释说："天命之性者，维皇降衷，厥有恒性，全体浑然，初无偏倚，此溯源于太极者也，气质之性者，天以此理赋之人，必随是气以与之，气有互阴互阳之不同，故质有或昏或明之各异。"所以气质之性是沾染物欲产生恶的根源，这一理论由于在形式上解决了性善与性恶的矛盾，因而得到了罗泽南的衷心赞赏："孟子言性善，后世论性者纷纷之不一，至宋儒分言义理之性、气质之性，道始大明于天下。"

在性理观上，罗泽南除阐发程朱的观点外，还有一些颇为独到的思想：

一是"正气"与性的关系："人禀天地之正气以生性，无不具有这个至善之性。"这种正气，一方面与物所禀的"偏气"相对而言，另一方面则又是指"浩然之气"，由于这种正气"至清"，对人受天理毫无妨碍，所以是性善的依托。

二是对"不正之气"的类型及对人的妨害作了分析："气

有清有浊，斯人有智有愚也；有纯有杂，斯人有贤否也；有强有弱，斯人有勇怯也。"这也是正统的理学从未分析过的。

三是"气私"说："此气既赋于我，则为一己之私也，有屈伸者也。理，天下之公也，无屈伸者也。"可见，罗泽南是将"气质之性"归结于是由气入人身之后成为"私气"而造成的，于是人身之气就有正气（浩然之气）与私气之分。前者成为义理之性的依托，后者则是气质之性的根源。这就从内部根源上解释了为什么同一个"气"对性有不同作用的原因，在逻辑上更加圆满，较程朱理学的观点前进了一步。

但是这又带来了新的更深刻的矛盾。既然人身之气有正气、私气之分，那么作为其来源的天地之气是否也有这种区分呢？如果没有这种区分，则又是怎么进入人身之后一分为二的呢？理是气的主宰，它又怎么统率这两部分截然对立的气呢？这些问题理学本身无法回答，如此演绎下去只会导致理学体系的崩溃。所以经刘蓉批评后，罗泽南即再未提过"气私"的观点。

性理观是一个枢纽。罗泽南由此出发，进入了"伦理—政治观"这一核心领域。

三、伦理—政治观

如前所述，罗泽南学说出之于《西铭》。《西铭》是北宋理学家张载关于社会伦理的一篇文章，篇幅虽短，但内涵深刻，故被程朱奉为自《孟子》以来最重要的理学著作。罗泽南将

《西铭》的思想与孟子的学说相结合，形成了自己的以"中国一人，天下一室"为轴心的社会伦理观，并与其政治思想糅合在一起，这也符合儒学的传统。

那么，罗泽南的"中国一人，天下一室"的伦理—政治观有何具体内涵呢？

爱民思想

所谓"中国一人"的首要含义，是所有的人皆是天地所生，在本质上是相同的："皆天地之所生，而与吾同禀此气，同禀此理者，亦吾之同胞也。"这是对张载"民吾同胞，物吾与也"观点的直接发挥。为强调人的本质的相同性，罗泽南强调天地是人的共同父母，而不同意朱熹等人在这个问题上的不彻底态度："先儒谓：'父母之生我也，四肢百骸无一不全，必能全其身之形然后不忝于父母，天地之生我也，五常百善无一不备，必能全其性之理，而后为不负于天地'，似不必如此分说。"认为人的身体、性理皆是天地所给予的，因此，每个人都要学习天地，对所有的人皆应一视同仁，予以爱护："天地之心，父母之心也，人以父母之心为心者，无不爱之，兄弟以天地之心为心者，无不爱之，民物虽施有差等之殊，而其一视同仁之心实无有间。"

由于封建社会中生杀予令的根本权力掌握在君主之手，所以罗泽南强调的爱民主要是针对君主而言。他认为爱民是君主应尽的责任："乾父坤母，化生万物"，但天地虽能生民，却不能养民、育民，因而要立君主来治理，"故君之行政以治民，实为代天理物而有父母斯民之责，是必生育涵濡，如天之无不覆；抚字卵翼，如地之无不载，斯民之身家性命，无一不在爱惜之中，而后父母之责乃尽"。他认为民与君息息相关："夫君之于民犹心之于身也，身之疾痛疴痒无一不与君相贯通，民之好恶休戚无一不与君相关。"因此，君主应关心人民，以天下人的忧乐为忧乐，以达到"上下同心，君民一体气象"。罗泽南还提出要特别关心天下的疲癃残疾茕独鳏寡："古圣王发政施仁，必先此茕独者"，因为他们是天所同情的，"天下之疲癃残疾茕独鳏寡，天亦悯之，使不为之周恤，伤天地之心矣"。

所以，罗泽南认为君主、大臣不爱民就是负天所托："大君大臣不能理民物之事，负天地之付托矣，诚以天下之卑者、残者皆为吾之同胞故耳。"而害民则是违逆天意："纵一己之嗜欲，视人命如草菅，是大拂天地生物之心矣，尚得谓之父母乎哉！"

其实罗泽南强调爱民，实际上还是为君主着想，他认为君主不爱民只会对自己统治不利，他论证了"天心即民心"的重要思想："民之心即天之心也，民心之所服者即为天心之所归向。"他以历史事实说明，汉朝和唐朝之所以建立，是因为秦朝、隋朝暴政肆虐而失去了民心，民心转向了能爱民的汉、唐新君："民心所归，天意亦宛转属之，此亦彼苍之仁爱不忍斯民之终丧焉耳。"

为什么天心即民心呢？在罗泽南看来，这是由于天下乃是公有的缘故。这是罗泽南爱民思想中更深的一层："天下者，天之所有非天子之所私有也，天地纲缊发育万物，天能生之，天不能自治之，则命此有德者作君作师以代天而理物，是人君之有天下，皆天之所与也，不仅开创之主为天之所与，即继世而有天下者亦为天之所赐。"这与黄宗羲在《明夷待访录·原君》中赞美"以天下为主，君为客"的尧舜之世，反对"以君为主，天下为客"的今世的观点前后呼应，具有异曲同工之妙。

然而，罗泽南所主张的爱民并不是佛教的普爱众生和墨家的兼爱，他对《西铭》只讲"民吾同胞物吾与"和民的差等很不满意，特别指出："或问：'圣王之诛奸慝、刑暴乱，奸慝、暴乱是亦天地之所生而为吾之同胞者，诛之刑之，无乃非仁民之心乎？'曰：奸慝、暴乱，天理之所不容，王者特奉天命而诛之耳，此又如周公之以大义灭亲者，况去奸恶，正所以保善良，何莫非仁民之心所流露哉。"

在这里，罗泽南对儒家的伦理观作了重要发挥，儒家是主张"爱人"的，但有严格的前提和条件，即只爱"顺民"，不爱"乱民"。你要得到统治者的"爱"吗？你必须忠于封建统治，恪守伦理纲常，否则就是作乱，就不是"同胞"而要受到无情镇压，而这种镇压，据说就是"爱民"的另一种表现。对此，罗泽南特别强调："此皆《西铭》言外之意，学者亦不可不知。"罗泽南的上述观点揭示了两者的内在联系，使得儒家"爱人"的理论在逻辑上更加完满和深化。

孝亲、忠君思想

罗泽南所谓"中国一人，天下一室"的另一层含义是，所

037

有的人和家庭均要遵循儒家的伦理规范，即纲常。

儒家不仅讲爱人，更重视纲常和等级。所谓纲常，是由理所规范的人与人之间的准则，如前所引，罗泽南认为"天地万物皆实理之所为也……施之为视、听、言、动与夫君臣、父子、夫妇、兄弟、朋友之则"。其中前三条原则即为人们所熟知的三纲：君为臣纲，父为子纲，夫为妻纲。这五对关系称"五伦"，其中父子、夫妻、兄弟这三伦均在家庭之内。因而家庭是最基本的伦理单位，血缘关系为伦理关系最重要的纽带。亲亲乃是伦理的最根本最基础的原则、"爱人"的出发点："亲亲而仁民，仁民而爱物，曰亲曰仁曰爱，施之固自有差等也。"既然亲亲如此重要，因而罗泽南特别强调孝。

罗泽南将孝与天命联系起来："天命我以事父之理，我不能孝便是违天所命之孝。"所以孝是人天生应尽的职责，至死不能违背："身为人子之身，便有孝之理。""孝子之事亲也，此身一日尚存，即尽吾一日事亲之道而不敢有所违，没则安而无愧于亲也。"

罗泽南提倡奴隶般的绝对服从的孝，主张无论其亲多么无情狠毒，子女皆要服从，他发挥《西铭》"不施劳而底豫，舜其功也"时说，瞽瞍本不慈爱，但舜对他始终孝敬恭顺，终于使之成了慈父，"此舜之大有功于父也"。在《读孟子札记》中，罗泽南更主张当瞽瞍杀人时，舜作为天子只应采取逃的办法，这样既申了法，又尽了孝，他认为这种子为父隐的做法是孝的一个重要内容。

尽孝不够的反面例子是申生。《西铭》说："无所逃而待烹，申生其恭也。"对此，朱熹认为"此只是恭"，对申生行动有所非议。罗泽南则大大发挥朱熹的观点，认为申生之死使得晋献公有了杀子之罪，在《春秋》上留下了"晋侯杀其世子申生"的不光彩的一笔，这是申生的责任："则其死也，于道应有所未尽耳。"冷酷到了无以复加的地步。朱熹认为申生之死是气数所该如此："人有妄，天则无妄，若教自家死，便是理合如此，只好听受之耳。"罗泽南则驳斥说："或问申生之死，献公死之与？抑其气数之命应止于此而死之与？曰不然，人事未尽，不可言气数也。"即孝道未尽而死是自身责任，不应归于气数，为强调孝的地位，罗泽南不惜再次与朱熹唱起了反调，可见他对孝的重视程度了。

在儒家看来，家庭是社会组织的缩影，社会则是家庭组织的扩大。罗泽南深谙此理而说道："如吾父母有宗子，一家之人皆为其所统理也。推而至于天下民物皆天地之所生，因于所生之中立一君以统理之，以养其体以复其性，故大君者亦吾父母宗子也。"所以亲亲是尊尊的基础，孝亲原则必然发展成为忠君原则。

罗泽南认为"民吾同胞之中亦有差等之分焉""自有许多等级也"。他排列的等级次序为大君、大臣、长幼、圣贤、疲癃、残疾、茕独、鳏寡，这就将君主高置于普通人之上，列为第一等级。

罗泽南特别强调君主的作用，认为如果没有君主，就会天下大乱，不成世界："天生斯民，无主乃乱，法度废弛，彝伦攸斁也。"在这个问题上他斩钉截铁毫不含糊，没有半点"民主"观点:"天下无君,而以四海之豪杰与四方之寇盗为君,天下可得平乎!"

罗泽南认为君主统治人民是禀承天命:"天子者,继天立极,致天下于中和者也。"从而为君主戴上了神圣的光环。因此,人民必须忠君,否则就是违背天命大逆不道:"天命我以事君之理,我不能忠,便是违天所命之忠。"他要人民自觉认识这一点,以自觉服从君主统治:"是故为其民者,固当知大君大臣代天理物,斯民皆为其所覆育,我之所以事乎上者,必如支庶子之听命于家相、宗子,不敢有所犯也。"这又将孝与忠联系了起来。他还主张:"不可以君之不仁不尽为臣之道。"即不管君主如何昏庸暴虐,人民仍必须绝对服从,不得稍有反抗,这是对"君为臣纲"的具体解释,是一副压在人民头上的沉重的精神枷锁。

忠和孝是封建伦理纲常的两根支柱。罗泽南强调忠和孝,表明了他坚决维护封建统治的顽固立场。

对封建暴政的抨击

罗泽南的"中国一人,天下一室"的最重要含义,是要以天下为己任,积极地、自觉地为维护清王朝的统治而努力奋斗。

罗泽南和一切有理想的封建知识分子一样,希望按儒家伦理来建立一个君正臣良、父慈子孝、等级分明、上下有序的和谐的社会。他论述的爱民、孝亲、忠君,是这个理想社会的根本准则。

然而理想与现实之间相距甚远。他所处的时代，封建统治正危机四伏，封建纲常正遭到破坏。他之所以喋喋不休地进行种种说教，正表明他意识到了这种危机。例如，按照性理观，忠孝之理是根于天性，遇父自然知孝，遇君自然知忠，那他又何必如此强调忠孝呢？其根本原因乃是当时"不忠""不孝"的现象在大量涌现。于是他怀着焦虑不安而又无可奈何的心情，揭露和抨击封建统治下的种种弊端，以期唤醒有志之士与之一起扶持摇摇欲坠的清王朝。这种批判是全方位的：从经济到政治，从朝廷到地方，从官绅到士林，从皇帝到胥吏，无一能逃脱其犀利的笔触。但在方法上，他则与宋儒一样，把夏、商、周三代作为治世的楷模，三代以后则看作乱世，借对三代以后社会的分析批判，来猛烈抨击现实。

罗泽南抨击了社会贫富不均的现象。他认为宇宙提供的物力足够养活天下之民，但社会却严重地贫富不均："后世豪民罔有功德，竞其丰富，势敌王侯，贫者皆天地之所生，至求一立锥之地而不得"，以致形成了"富日益富，贫日益贫"的不合理状况。他认为造成这种状况的原因，一是"天下之田又多为富者所占"，二是统治阶级没有采取损有余益不足以保持社会平均的措施："后世井田坏，学校废，民之或贫或富，或善或恶，在上者为不为之经理，惟严其法禁，密其文网以把持之而已。王道之不可复，民俗之不可正，岂在下者之过哉！"三是"君不能制产故也"。即认为最高统治者手中没有掌握能进行调节社会贫富差异的全部财富，他认为这点十分重要，是问题的关键。应该看到，罗泽南抨击的这种现象是当时社会状况的折射。清中叶以后，土地兼并日益严重，大量自耕农甚至中小地主被剥夺了土地，沦为贫雇农或流民。罗泽南家境贫寒，定难逃此厄运，因而对此感触颇深，抨击起来入木三分。

罗泽南揭露和批判的重点是封建暴政。

咸丰元年（1851），罗泽南在给曾国藩的信中指出："有所畏而不敢言者，人臣贪位之私心也，不务其本而徒言其末者，后世苟且之学也。"对此，曾国藩极为欣赏，认为与自己所上的《敬呈圣德三端预防流弊疏》的观点相符："以阁下之贤，而国藩幸同里闬。国有颜子，而行谊不达于岩廊，仆之耻也。来书反复陈譬，所以砭警愚顽良厚！中如'有所畏而不敢言者，人臣贪位之私心也，不务其本而徒言其末者，后世苟且之学也'四语，国藩读之，尤复悚感……乃适与拙疏若合符节，万里神交，其真有不可解者耶?"应该说，这四句话是罗泽南对朝野士大夫的总看法。

罗泽南揭露了朝中官员以权谋私、鱼肉人民的贪婪嘴脸。他们如同以垄断牟利的奸商，据守在国家要津进行敲诈勒索："州县登垄断以罔愚氓，督司登垄断又罔州县，朝廷登垄断又罔督司。竭生民之膏血，填无厌之谿壑，上下交征，无所不至，天下之祸遂有不知所终极者。"这段话可谓淋漓尽致，锋芒毕露。它揭露了封建社会从上到下都是贪婪无耻，层层盘剥，而受害者则是最基层的劳动群众。罗泽南进一步指出："商贾罔利犹必以其有易其所无，士大夫之罔利则惟假势位之赫赫吓诈斯民而已。"这就深刻说明，权势乃是封建社会中猎取富贵的最重要的资本。

罗泽南还揭露这些士大夫道貌岸然，但居心狠毒。有的人乘轿渡水时见轿夫溺死水中而毫不动心；有的则称"于老母害病底念头亦当割却"。罗泽南斥责他们是禽兽之心，忍心害理之谈，"焉可以言圣学哉"！

由于当官是最大的利薮所在，这就促使在野的知识分子在科举道路上拼命钻营挣扎，企图有朝一日平步青云，跻身官场而大发无本之财。罗泽南对此深恶痛绝，他按品行将士人分成了富贵之士、功名之士、道德之士三类，指出："今之所谓弋取功名者，大率皆富贵之士也，就傅受业之后，惟汲汲于诵读词章之学，工文字，讲声律以为登科之具。"这些人"圣学不明，利欲熏心""一登仕籍则奔竞干谒，贪婪恣肆，罔所不至。朝廷之安危，生民之休戚，一无所顾惜于其间"。罗泽南说他们："论忠贞不及，论廉洁不及，论勋猷不及，庸庸碌碌，徒为后世所诟病。"当时整个士林这种寡廉鲜耻、沉闷压抑的状况，必然造成学风日益败坏、真正能为捍卫封建统治起中坚作用的人才空前匮乏的局面："是天下之学术日见其坏乱，天下之人才亦日见其不足耳。"同时，在任何社会中，作为精英阶层的知识分子，他们的思想和行为，应是社会良知的体现，引领正确的价值观和风气。知识分子的自甘堕落，更标志着整个封建社会已处于严重的危机之中。

罗泽南揭露了当时的另一严重社会问题——封建胥吏的危害。如前所述，这也是封建制度造成的并与之相伴始终的顽症，但在清代尤为突出。

清代官员薪俸微薄。据史料记载，总督、巡抚这类封疆大吏，其年俸亦只有一百八十两和一百五十两，县令只有四十五两，但此外皆有若干养廉银。而作为封建国家机器不可缺少的环节的胥吏差役，他们年法定收入更少得可怜：约从六两至十二两不等，更没有养廉银。由于公事芜杂，光靠编制内的胥吏难以胜任，所以地方官通常还要聘请幕客，招雇差丁，其薪金则须由地方官自筹，必然更加微薄。依靠这样少的收入，无论是编制内或是编制外的胥吏皆难以维持自身生活和赡养家庭，这就迫使他们采用各种手段向人民敲诈勒索，攫取钱财。这批人数量既多，又直接与官府勾结，因而历来为人民所痛恨。罗泽南长期生活在社会底层，对此深有体会。他不仅指出了胥吏是官与民联系的中间环节，"老吏蠹役，把持交通"的危害，更指出封建统治机构少不了这批人，但他们也要穿衣吃饭养家糊口，而"朝廷既未分之以禄，宰令亦不能给其所求，彼岂能枵腹代公办事，势不能不舞法弄弊巧取民财，宰官若尽禁其弊衙门必无办事之人；若不禁其弊则为害苍生遂有不可胜诘者"。这段话正确而深刻地分析了胥吏问题的根源在于封建制度的不合理性。他十分重视胥吏问题，认为这是"至纤至细之事，亦至紧至要之事"，希望"朝廷立法，必须为官吏措置尽善，勿令开一线弊窦庶乎可耳"。但是，封建朝廷既不肯也无法提高和解决胥吏的经费，又不能不利用他们去维持国家机器的正常运转，所以必然仍是维持现状。这是封建制度本身所无法解决的，罗泽南的希望是不可能实现的，他自己也想不出什么办法来。

罗泽南不仅敢于批判封建官吏，而且公然把矛头指向了最高统治者皇帝。他认为，官吏和社会腐败的产生，皆源于不德的君主："盖一人逆理则百官逆，百官逆万民莫不逆。"君主的危害特别巨大。他揭露了封建君主的种种罪恶："暴敛横征，则杀人于赋税；峻法酷刑，则杀人于罪狱；工作频兴，则杀人于力役；兴兵构怨，则杀人于战争。"他抨击君主杀人于战争而造成"人命草菅，中原肝脑，天下之大几尽为杀人之区矣"的悲惨景象；他抨击君主横征暴敛后挥霍无度，导致整个社会也"奢靡日尚""海舶奇珍充斥州郡，玉杯象箸用之民间""以有限之财供无限之用，民间何由不穷乎！"他呼吁："赤子之膏血，君何可靡之也，上天之物力，民何可耗之也！"清中叶前后，战争频繁，而统治阶级更贪婪成性，骄奢淫逸，"海舶奇珍充斥州郡"更反映了鸦片战争前后西方殖民主义进行经济侵略的时代特征，因而十分深刻。

罗泽南还指出君主才干如何对社会亦有很大影响："夫庸主之乱天下，与暴主之乱天下其迹不同，其害则一。暴主之乱，肆一人之欲以乱天下也；庸主之乱，纵天下人之欲以乱天下也。"康、雍、乾诸帝之后，清朝皇帝一代不如一代。当时在位的道光帝，以保守、颟顸、吝啬著名，不久即位的咸丰帝更是无能兼荒淫，皆是典型例子。固然封建统治危机的产生乃是历史的必然，但与当时清帝庸碌无能也有很大关系。所以罗泽南的这番项庄舞剑式的揭露不仅尖锐，且够大胆。

可贵的是，罗泽南不仅敢于揭露君主的罪恶，更努力探讨产生这种种罪恶的原因。

罗泽南认为君主之所以能如此为所欲为地"杀人"，关键在于"以其有杀人之政",即政权乃是君主所凭借的根本工具，是以"杀人"为目的的。他更进一步指出："其有杀人之政也，以其有杀人之心。"所谓"杀人之心"，乃源于君主以天下为私有的观点。于是罗泽南从对封建君主、封建社会种种罪恶现象的批判进入了对封建制度的批判。

罗泽南认为三代以后，由于帝王将天下攫为私有而导致了社会混乱："三代而下则不然矣，以功利之心肠，行帝王之事业""厥心之所求者惟在一己之私富贵"，从而出现了"各肥其身，各私其室，官竞利于朝，民争利于野，堂廉世道，四海熏心，寇盗劫夺，终于莫惩"的局面。他强调这是"君主之咎也，于民乎何尤！"就是说，无论是暴君还是明君，其结果只会是这种状况，这是社会制度造成的。他对比三代前后情况说："故三王公天下其治隆，后世私天下其政杂"，对私有制社会表示了极大的厌憎。尽管罗泽南不懂社会发展规律，不认识私有制社会代替公有制的原始共产主义社会的必然性和历史进步性，但他从社会制度本身来批判不合理的社会现象的做法却迥出其同辈之上。

罗泽南是打着谈"三代"的幌子影射现实，还可以从下例得到证明。他在谈王朝兴替时，从唐虞讲到了明，但接下去却不谈清王朝如何"奉天承运"入主中原，而是大讲"宇宙之杀运未靖也，是则剥则极其剥，复则尤未其复也……天地之气因之而未和矣"。这就明白告诉人们，清王朝并非太平盛世。那么，现在能否恢复三代之治呢？罗泽南斩钉截铁认为，不可能。因为今天的情况特别是君主的德不如三代。他嘲弄那种认为三代不能复是气数的观点说："后世之君德如二帝三王之德，政如二帝三王之政而不能复其治，则可诿之于气数也。其德其政不能如二帝三王，徒曰古时之气运不可复于今日，诬天乎？诬人乎？诬天不足以佑人乎？诬人之不足以助天乎？"答案很明确，只能怪清统治者自己。

罗泽南清楚地意识到，如此黑暗的政治现实，必然造成民生凋敝、阶级矛盾和各种社会矛盾空前尖锐并进一步恶化的局面。罗泽南的诗文对当时的社会状况也有直接的反映。如《无雨叹》真实而具体地描绘了丙午（道光二十六年，1846）、丁未（道光二十七年，1847）两年湖南大旱那种"可怜十室九已空，仓廒乏粮鼠罢齿"的悲惨情景。在《秋兴》中则哀叹"天时人事两茫茫，旱疫频仍民气伤"，他甚至一度想学陶渊明去隐居以逃避这种凄惨的现实。

在此情况下，罗泽南预感将要发生天翻地覆的变化。他早就总结过人民起来暴动的规律："是故暴君之于天下也，仁义不施，礼知日丧。暴敛横征之政作，其民穷，穷则其气馁；严刑峻法之政作，其民怨，怨则其气郁；穷兵戍远之政作，其民劳，劳则其气瘵；崇奸害良之政作，其民愤，愤则其气厉。咨嗟痛恨，上干天和，疵疠迭起，妖孽并见，水旱之后，寇盗乘之，其积之也有渐，故其发之莫可遏耳。"很快，他看到了大规模农民起义即将爆发的形势，告诫当局"讴歌处处颂升平"的时期已过去，"云雨巫山朝暮变，沧桑世事古今更"。他"寄言当路簪缨者，好把忠肝报圣明"。当然，他也再不侈谈隐居之事，而是更加密切地关注形势，以期在关键时刻一显身手，报效君主。

由此可见，罗泽南对封建暴政的抨击，不仅尖锐深刻，而且表现了相当高的政治敏感性和预见性，从而构成了罗泽南伦理——政治思想中最有价值的部分。

然而，罗泽南如此尖锐批判各种封建暴政，批判皇帝和君主制度，绝不是提倡造反甚至是革命——推翻清王朝甚至是封建君主制，恰恰相反，他是"恨铁不成钢"，担心这些恶行和恶制会危及整个封建统治，是为了维护清王朝并期望它重新产生活力，以强化对人民的统治，使社会在封建伦理的规范中和谐发展。因此，他又进一步提出了一些改革社会弊病的措施和方案。

改革弊政的若干思想

其一，经济体制和政治体制改革的思想——复井田与复分封。如前所述，罗泽南对社会财富的不平均状况深为不满，认为这是社会不安定的一个根源。他提出解决的途径是改变"君不能制产"的状况，让君主掌握天下的土地和财富以平均分配给人民。其具体措施是按现有条件恢复井田制："正其经界，定其多寡，计民之数而授之，则天下之贫富可均，天下之民志可定矣。"

复井田方案，是自宋儒以来不断被提出的老课题。罗泽南此时老调重弹，绝非发思古之幽情，而是反映了一部分中小地主阶级对日益严重的土地兼并现象的不满，要求改变这种状况的强烈愿望。这是一股思潮，当时提出的方案甚多，如龚自珍就提出过按宗授田，把租佃关系纳入落后的宗法家族关系中的方案，与罗泽南的思想相类似。虽然罗泽南重新调整和分配土地的观点不详尽，但不失为当时众多方案中的一种。同时，罗泽南又提倡节俭："尚节俭，禁奢侈，而后天下之财流节矣。"这也是难以奏效的老办法，故不再赘述。

与复井田来重新分配土地和财富的经济体制改革方案相适应，罗泽南又提出了恢复分封制亦即"封建制"的政治体制改革方案。他认为："以利害论，则封建与郡县同，以治民论，则封建大胜于郡县。"即认为分封制远比郡县制优越。具体来说，他认为："不封建则不能井田，贫富不均，养民之道失矣。不井田则不能学校，庠序无法，教民之道失矣，民生穷，民俗僻，虽有尧舜终不能治世之病。"概言之，他认为分封制有利于推行井田制，平均财富；有利于政教合一，控制人民思想。这是张载的"井田卒归于封建乃定"观点的直接运用。他还说："后世罢侯置守，寇盗之发至于长驱中原莫之敢制，良以州县之权轻，无侯国以屏藩之故也。"即认为郡县制难以有效镇压人民的反抗。

实行郡县制还是分封制，也是自唐宋以来一直争论不休的老话题，但主张恢复分封制的人的目的各不相同。如顾炎武等人是企图以此来限制君权。陆生楠在《通鉴论》中也因持同样观点而被雍正处死，此为清初一场有名的文字狱。罗泽南却从加强对人民统治的角度来主张恢复分封制，说明了他与人民为敌的顽固思想。后来他和曾国藩创建湘军，以地方力量独立抵抗太平天国起义，在某种意义上正是实践其分封制思想的一种表现。

罗泽南也看到了分封制的一些弊病，如易于形成割据态势等，但他认为只要君主有德，就能克服这些弊病："天子有道，封建亦治，郡县亦治；天子无道，封建亦乱，郡县亦乱。"将制度的优越归结于君主的道德的好坏，当然是唯心主义的脱离实际的空想。他又认为古代有"贬爵、削地、六师移之"等方法能对付"强侯建命，尾大不掉"的问题，关键是君主要"操大柄以赏罚天下"。可见，罗泽南根本脱不了君主独裁的窠臼。他还赞赏朱熹的"杂封建于郡县之间"的方法，使封建制与郡县制彼此钳制，取长补短。我们知道，汉朝、明朝皆曾这样实行过，但吴楚之乱、朱棣的"靖难"皆证明这更是一种主观幻想而已。

罗泽南这种"托古改制"的做法，表明他不明白人类社会总是随着生产力的发展而由低级走向高级，因而远古时代并不是完美的理想社会。当时的制度不可能行之于今日，例如井田制的瓦解乃是历史的必然。王莽企图将它恢复，只落得个彻底垮台的下场。郡县制取代分封制也是如此。王夫之讲得好："郡县之制垂二千年而弗能改，合古今上下皆安之，势之所趋，岂非理而当然哉？"

但罗泽南也有一些历史进化论的观点。首先他认为有个"气运"即客观形势问题，尧、舜、禹、汤、文、武、周公能行道于天下，是因为当时"天地之运隆盛欲兴，急需一个人出来为之位育"。而"孔孟仆仆列国终不获展其所学""濂洛关闽不得行道以复三代之盛"皆是由"世运之所致"。所以，罗泽南又认为制度要随古今形势的变化而变化："古今之理一也，时殊事异，则其事有不可行者，不能不随时而损益，故夏之制有不可行于商，商之制有不可行于周。"必须从实际出发进行改革："后世去三代已远，制度礼乐无复有存，即生周公于今日，当日制作亦有不能尽行者，然必酌古今之宜以尽法制之善。"这实际上承认复三代之政是不可能的，但他并未放弃其复三代的思想，这是由其政治立场所决定的。

其二，任用贤人、培养贤人。罗泽南认为弊政的革除，社会的兴盛，很大程度上是依赖于用人是否得当："发政施仁，必以用人为总务也。""盖天下之患难非得人不能拯，天下之困穷非得人不能苏，天下之性情非得人不能正。"他所说的人是所谓"贤人"。他认为贤人能帮助君主推行仁政："王者为民父母，岂一人能养育乎……必得硕德英才佐理其间，而后小民之颠连得以上闻，朝廷之恩泽得以下究。"而如果不用贤人，政治就会黑暗腐败："向使举错失宜，小人在位，率皆竭下民之膏脂逢君上之私欲，民忧民乐罔知顾惜，斯民之困苦遂有不堪问者，欲不至败家亡国岂可得哉。"他还列举了历史上任用贤才国家兴盛，任用坏人政治腐败的事例说明了任用贤人的重要性。所以，只要"内修家政，外任贤才，果何道而不失与！"

罗泽南关于任用贤人的观点当然有其正确性，但同时他又在宣扬一种片面的英雄史观："无圣贤以维世，则天地之纲必灭。古今来三纲九法不至于灭丧者，实赖此数圣贤为之扶持于其间。"他认为如果让贤人得志行道，历史将会是另一番模样。例如，如果孔、孟得志行道，就能"正纲常，扶名教，天下之乱臣贼子皆可以正其罪，则春秋可以不作"，杨、墨等"异端邪说""亦可不辨而熄"。

怎样才能发现和使用贤才呢？对此罗泽南态度矛盾。一方面他看到了科举的危害，另一方面他又提不出其他好办法，因而主张仍保留科举制，但认为只要士人采取正确态度就行了。

罗泽南指出，"居今日之思，欲用世不能不应科举，欲应科举不能不作时文"，但是要认识到以文取士，不仅仅是要求士人会写文章，更重要的是要促使其平时认真研究儒家经典，"扩其识见，端其身心，储其经济，裕其谋猷，以为天下国家用"。考试时作八股文，不过是借以"观其胸中之蕴"，文章写得好，胸中才识必然丰富，"谓其枝叶茂盛者根本自深也"。可见在他看来，科举只是促进培养人才、选拔人才的手段。至于科举的危害只能怪士人自己不能正确对待它："先儒谓非科举累人，实人累科举。"其实无论怎样正确对待，科举这种当时腐朽已极的制度皆不可能对于选拔人才起任何好作用。罗泽南的想法同样是注定要落空的。

罗泽南主张应大力培养贤人，称这也是天命："天生许多英才，天地亦不能自教之……能为育之，使之有以明善而诚身以尽事天之道，为天下多成就一个好人，即为天地多成就一个孝子。"他甚至认为从中可以培养出圣贤来："英才是未成就底圣贤，育之则可以秀出乎等夷，而渐几于合德之域。"在他看来培养人才是君子最重要的任务之一："君子之身，出则行其胞与之道于天下，处则传其胞与之学于吾徒，或显或晦，皆是为天地做事业底人。"对待科举和培养人才的这些评论，应是罗泽南内心的写照。如前所述，他胸怀大志，一直想跻身官场，但仕途不利，却既不放弃努力，又不敢过抱希望。同时聚徒讲学，培育人才，等待时机为清王朝效力。随后，终于考取了秀才，在咸丰初年天下动荡之中，罗泽南风云际会，又成了清廷独当一面的大员。他培养的弟子如王鑫、李续宾、李续宜等也不负所望，和他一起在与太平军作战中充分发挥了他们的才干。应该说其目的最后皆达到了。

加强修身养性

罗泽南认为，改革弊政，齐家治国平天下，其前提和最后落实的措施都是要加强个人修养。根据性理观，普通人身上都存在着天理和人欲两个对立部分，只有不断地自觉地存天理、灭人欲，才能提高卫圣道的自觉性，实现建设儒家合乎伦理纲常的社会目标，即所谓"不正其心则无以正其身，不正其身则无以正一家，不正一家则无以正朝廷正天下"。当然，欲达此目的同时也要靠法制："虽治天下之本不恃乎法制而必在乎君德，然未有置一切法制全不讲求遂可以治天下者。"对于这一点，罗泽南没有也不会忘记，但他主要强调的是加强修养。

罗泽南提出君主要加强修身养性："皇天无亲，惟德是辅。"修养的重点是遵循义理，克制私欲。他告诫说："修身谨行，圣主之所由兴也；纵欲败度，昏主之所由亡也。"他认为，君主只要能"晰义理，正身心"，那种"法度日明，德威日著"的清明的政治局面就会产生。

罗泽南要求士人更应加强修养。他在《与某友书》中指出，"君子之学，道德、文章、事业原是一项工夫"。平时应努力探求义理的蕴奥，并努力按义理要求进行修养，"体之身心使此理实有诸己，不令一毫之稍亏，夫如是，笔之于书则为不磨之文章，施之于朝廷则为不朽之功业"，这才能真正为维护封建统治起中坚作用。

因此，罗泽南着重论述了士人修养的若干原则：

一是要持敬。即对天、地、君、亲、师等要采取极其尊敬的虔诚态度，"子之事亲必极其敬也，推而至于事天，于其所赋之理不敢稍有所失"。这种敬要达到"畏"的地步："战战兢兢畏天以自保者，犹人子敬亲之至也。"很明显，这是用强制手段来为封建伦理纲常树立权威，钳制人的思想。罗泽南对此极力强调："敬字是圣学彻始彻终工夫。若不居敬，纵教识得乾父坤母、民胞物与终是空头大话，与自己身心曾不相涉，如游他人广厦之中，万阁千楼，皆非己有。"他并将自己的字改为"子畏"，请刘蓉写了一篇《罗子畏字说》，可见重视的程度。

二是存心养性和"主静"。罗泽南认为要贯彻持敬原则，必须存心养性："敬其事所以安其心也。""所谓戒谨恐惧者，亦惟收敛此心以存天命之本。"他指出："存心养性是一套工夫，能存心而后能养性。"具体说，只有存得恻隐、恭敬、羞恶、是非之心，才能养仁义礼智信之性。

在罗泽南看来，存心养性的关键在于"主静"。所谓存心，安其心，收敛此心，实际上就是将心归于静之意。罗泽南服膺周敦颐的"主静"说并作了发挥："周子曰：'圣人定之以中正仁义而主静以立人极焉。'"为什么只有主静才能达到"人极"这一做人的最高标准呢？罗泽南认为仁义礼智信这五常是"寂然不动者也"，所以也只有静时才能认识它们体察它们："天地之道，不专一则不能直遂，不翕聚则不能发散，故人心有静时之存养而后能精动时之省察。"也只有主静，才能使物欲无动于心："君子之心役物者也，因物付物，顺乎理之自然也。事物未至，心无所将迎也，鉴空衡平，至正而不倚也。事物既去，心无所系恋也，电收雷敛，一过而不留也。"他认为事无论大小、久暂、常变、难易，"顺理而行自无所动于心也"。可见，主静就是让理占据心灵，摒弃物欲以返回至道。只有主静才能"持敬"。所以刘蓉为《人极衍义》作序时特别指出："至究其所以修德凝道之实，则必以主敬工夫为之准焉。"

三是去私欲，立天理。罗泽南认为只有在内心牢牢树立天理，才能抵抗住物欲的侵蚀。他在《健庵说》中提出："否则物之势大，我之力微，鲜不为其所屈。"反过来，也只有多去私欲，才能扩大心胸，使天理多占位置："天下许多民物皆待我之仁爱，若自己不能大著心胸，万物之纷然杂投，便没处放顿，如何容受得起？如物多屋小，安顿不下也。"

去私欲立天理的一个重要内容是正确对待富贵福泽和贫贱忧戚。罗泽南主张士人无论在什么境遇之中都要牢记自己的使命而不逾礼教："遇贫贱则能自立于贫贱，遇富贵则能自立于富贵，遇患难则能自立于患难，遇安乐则能自立于安乐，此身一日不死，即能尽吾一日之道，任他位置皆能有以自树。"应该说，这种志向和精神是难能可贵的。

罗泽南还强调要从天理人欲上来对待忧乐。他认为忧乐乃人之常情，圣人也不能免。但圣人的忧乐皆以天理为转移："圣人于事变之来，亦惟忧其理之不能尽耳……非如他人憧憧往来也。"他们是"乐从天理流行上说，不忧从人欲净尽上说"，士人要学习圣人的这种榜样，为圣道尽力。总之，人欲越多，天理越少，只有多灭人欲才能多存天理，二者截然相反不可共存："人惟有物我之私便不能上达天德。"到人欲尽灭之时，人才能真正返归于至道。显然这是一项长期的艰巨任务，他在《又答高旭堂》中说："圣域贤关非一蹴所能及，必持之以恒久，需之以时日，寸累尺积，从容涵泳，而后可底于成。"他自己亦正是这样身体力行的。

四是要充分发扬主观能动性，为实现圣道而努力不息。罗泽南不太相信气数和命。他十分欣赏和强调"君子不谓命也"的观点。前文所述的申生之死和三代难复皆不能归于气数的论述即是明证。那么，罗泽南比较相信和依赖什么呢？回答是人的努力。他对人的价值有着高度的评价："人身至藐然耳，而天地之理无不具于一心，直养无害其气，可以塞天地，所以成位乎中，与天地并立为三。天何尝大，人何尝小，特患人自不能充其量耳。"这种"欲与天公试比高"的思想，构成了罗泽南理学思想特有的顽强性和战斗性。他认为，人只要努力尽道就能与气数相抗衡："能尽乎义理之天则气数之天遂能自我而挽。"他认为普通人通过努力就可以修养复性："奋其力皆可以为圣贤，纵其欲皆可以为庸昏。""孟子曰'人皆可以为尧舜'非虚言也。"也只有经过努力才能克制和摒弃人欲："非奋其精神，循其义理以自振于其间，则进锐者退速，见异者思迁，几何不拘于人欲。"

罗泽南主张，应将这种主观努力用于实践捍卫圣道而奋斗上来，"必使一家之人皆兴仁，一国之人皆兴仁，天下之人皆兴仁"，以实现其"中国一人，天下一室"的目标。他认为，"天下无道外之事"。要学习圣人的榜样，视天下事为己任："人受天地之中以生，其性谌然而至善，其气浩然而无亏，凡扶纲常，传圣学，位天地，育万物莫非分内当为之事，亦莫非尽人所能为之事。"他还将这种分内之事概括为两种情况：在上就要"扶危定难以救生民于一时"。在下则要"黜邪卫正以救人心于万世"。

罗泽南认为应该发扬这种能动性，自强不息，努力不停："君子以自强不息……不息者，君子法天之学也。敬以直内，义以方外，终日乾乾，不敢有失，庶可以尽吾生之所能为与吾之所当为。"只有这样，才能"至没则安，而无所愧于天地"。而一旦出现了差谬则须尽力改正："其或有所失于前者，则必有所励于后，惩忿既往，补过将来，趁此身尚存之日，斩钉截铁向前做去，为得一日好人，即不愧乎在天地间一日，若必待死时而后悟之，已无及矣。"

罗泽南强调发挥主观能动性的同时，也强调重视实践。他论述通过实践才能够体道时说："事经一番历练，此心遂添一番精明，即其平日能洞察乎此，到得以身历之，则纤悉无不尽照。所谓'若要熟也，须从这里过也'。"即认为只有通过实践才能获得真知，才能从感性认识上升到理性认识，虽然他把

"道"看成是真知。这种实践又要从具体事物入手："舍日用事物之端而求道于荒茫微渺之域，无怪其不知道也。"这就是所谓"格物致知"的功夫。罗泽南还强调读书和实践要相结合，"读书以清其源，力行以践其实"。所谓清其源，就是要真正弄清天理之所在；践其实，就是要努力按天理要求去实行。在他看来，只有这样才能真正认识至道，最终实现至道，使社会向理想境界前进。可见，罗泽南的实践是从属于其修养原则的。而他的修养原则，则是继承了程朱理学的思想，并作了系统的阐述和发挥。这也是其伦理学的一大特点，在其伦理观点中占有重要地位。

从以上论述可知，罗泽南的以"中国一人，天下一室"为轴心的伦理—政治观，是其理学最基本最重要的内容，亦是他一生，特别是他与太平军作战的行动指南和精神依据。因此，罗泽南的理学在本质上也是一种伦理之学，了解此点，才能真正掌握他的理学实质。

四、辩证法思想

罗泽南的理学还包括辩证法的内容。他是以论述阴阳变化的形式来阐述其思想的，这是他辩证法的一个特点。

其一，强调事物皆可一分为二。"凡一切形骸皆有阴阳之辨也。如以天对地言之，天为阳，地为阴；分言之，天有天之阴阳，地有地之阴阳。"剔除其中的神秘主义成分，将事物看成是由相反相成的两部分构成的对立统一体，这种观点是正确的。

其二，强调矛盾双方的转化。他以气的伸屈为例说："伸不常伸，伸极则必屈也。屈不终屈，屈极则终复伸也。"所谓"极"，实际上是指事物由量变到质变转化的关节点。罗泽南还指出了这种转化的无限性："孰为终之，孰为始之，能如是之，循环不已也。"当然，这里没有说明这种转化的螺旋上升性，从而会导致形而上学的循环论。

其三，强调矛盾转化过程中由量变到质变的渐进性。他指出："推行有渐曰化。"这种"化"是由矛盾双方引起的："盖天地之化，一阴一阳为之也。"他还举例说明这种渐进过程的情况，如严寒酷暑，皆非一日而成，必然有个逐步变冷、变热的时期；春生夏长，秋收冬藏也同样如此："自必推行有渐，而后生长收藏之用显。"他更从个别上升到一般，指出："凡天下之物自无而渐之于有，复自有渐归于无，故曰化也。"罗泽南不仅指出了事物这种量变到质变的渐进过程的普遍性，更指出了认识这种渐进性并按此行动的重要性："知化者，知天地之功用，以如是而消，如是而息，如是而盈，如是而虚，则其一身之行事皆顺乎消息盈虚之道行去，小而饮食起居，大而君臣、父子、夫妇、昆弟、朋友，以至于齐家治国平天下，莫不因时制宜，当刚而刚，当柔而柔，当进而进，当退而退，凡其平生之所行者无不与天地同用，斯为善述天地之事者也。"这就深刻阐述了要掌握辩证法，按客观规律办事的思想。在后来的与太平军作战的军事实践中，罗泽南熟练地指挥作战，大踏步前进，大踏步后退，无疑与这种辩证法思想密切相关。

纵观罗泽南的理学，我们可以看到，他不仅继承了程朱理学的主要思想，而且有机地发展了其中的若干内容。因此，罗泽南可算是封建末世当之无愧的出色的理学家。

五、经世致用思想

我们已经知道，罗泽南不仅讲理学，也讲经世致用之学。与他的独具一格的理学思想相仿佛，其经世致用思想也颇具特色：即自觉地将理学与经世之学有机地统一起来，以理学为体，经世之学为用。对此，罗泽南作了许多深刻论述：

首先，罗泽南从理学中来寻找经世致用的根据，认为修养等一套"内圣"的目的，最终是为了"外王"。

他说："若夫探义理之精微，穷圣贤之蕴奥，究其当然复究其所以然，以之体于身心则为修德之要功，以之达于国家则为经世之大用……圣人教人，尝欲人穷经以致用。"这样，经世致用有了理学的依据，成了理学的延伸和不可缺少的一部分，两者完美地结合起来了。

其次，罗泽南又反对在经世问题上的各种错误倾向。

一是反对空谈心性，学非致用。他说："吾人为学，固当于身心下功夫，而于世务之繁琐，民情之隐微，亦必留心穷究，准古酌今求个是处，庶穷而一家一乡处之无不得其宜，达而天下国家治之无不得其要，此方是经济有用学问。使徒自说性、说天而不向事物上穷求，终不能有济于实用也。"他还强调说，"一无所用于世，天壤间又何用有此人为哉"，给予了空头理学家以无情的批判。这也同时说明，罗泽南不仅重视从实践中获取知识，还重视将知识运用于实践。

从致用观点出发，罗泽南批判了科举制所造成的学与用相脱节的倾向："士见上以文试之，惟知以文应之，谐句调，逞词藻，千拟万摩，以求工妙。五经四子束之高架而不顾，圣贤之实修，帝王之大法，朝廷之安危，生民之利病，毫不关于其心。一登仕版所学非所用，所用非所学，平日之所极力求工者，至此皆一无所济。"学非所用，用非所学，一语中的地揭示了科举制度下士人为八股所禁锢，脱离实际的坏学风。因此，罗泽南要求士人应学习有用之学："士人当民社无责之日，正宜广学问，严操守，审时势，酌古今，预储所以致君者何业，泽民者何猷，出则行之，不出则卷而怀之，此才是有用之学。"

但另一方面，罗泽南又反对只讲致用而忘记和忽视义理的倾向。他认为一些经世派"语经济则惟考求乎海防、河务、盐法、水利，以待用于斯世，明德新民之学视为迂疏矣"。他认为没有理学做基础的经世之学"是无源之水，必不能放乎四海，无根之木，必不能荣其枝叶也"。所以研究经世致用必先依照理学的"大本大原上做去，始为有用之学。徒讲求钱、谷、兵、刑、抑末耳"。

罗泽南还特别反对"记诵"之学，即乾嘉考据之学。认为它对讲求理学极其有害："好博之不可者，如后世考据之家，泛览群书，自矜博洽，徇外夸多，毫无关于身心，其识愈多，其心愈昏，非圣贤之学也。"所以罗泽南将八股、考据，以及

"管商之功利""佛老之虚无""陆王之阳儒阴释"，并列为学习义理和经世之学的几大障碍。并特别指出八股、考据是最重要的祸害："圣道不明，俗儒之学盈天下。天下之士不尽力于词章即凝心于记诵。"所以皆必须坚决反对之。只有将义理与经世之学相结合，并以义理为根本和基础才符合封建规范，对封建统治有利，"君子之学，固必明乎义理，内以治身心，外以治家国，明礼达用，斯为大人之学"，只有懂得"若何为修己之要，若何为治世之业"。这样才能真正实践圣道，捍卫圣道，建功立业。

那么，罗泽南经世致用之学的具体内容是什么？

首先是一种"入世"的主张。这是儒家经世致用的传统观点，也是罗泽南经世致用思想最重要的内容。这种入世主张，是一种积极关心封建统治的政治、经济等根本大政的态度。他称赞范仲淹"先天下之忧而忧，后天下之乐而乐"的以天下为己任的精神，主张"吾人或出或处，莫不有斯道之责，讵可以为不关己事而不顾哉"！任何时候任何情况下都要为圣道尽力。因此，罗泽南的经世致用思想亦主要表现在他的政治思想方面：他对封建暴政和弊病的揭露与批判表现了他的忧国忧民的态度；他的改革弊政的思想则是他为统治者设计的长治久安的方案。而他积极聚徒讲学按理学标准培养青年士子，批判被视为理学异端的王阳明的心学，更是他为巩固清王朝统治而自觉采取的行动，自然是其"入世"思想的实践。

从"入世"的思想出发，罗泽南坚决反对佛教和老庄的"出世"观点，认为这对封建统治危害极大："寂灭清净，乱正道也；遗君弃亲，畔人道也；鳏居寡处，绝生机也；佛阁道院，竭财力也。农工商贾皆为有用于世，佛老在天下非徒无益而有害之矣。"所谓农工商贾有用，是因为他们能为封建统治各尽所能；所谓佛老有害，是着眼于他们企图超脱封建统治。这对罗泽南来说当然是不能容忍的，因而要大张挞伐了。他一再宣称"异端之徒不绝，圣贤之道不行"，必欲将佛老除之而后快。这也是他的经世思想的一种表现。

在积极提倡"入世"的同时，罗泽南还着力研究"实学"。曾国藩称赞他"严义利之闲，穷阴阳之变，旁及州域形势、百家述作，靡不研讨"。胡林翼也说他的书"体用兼备，洵堪辅翼名教"。这些话足以证明，罗泽南的经世实学在当时有着较大的影响。

罗泽南的实学的研究范围颇广。从刘蓉给他的信中可见一二："承谕近颇究心水利、边防、河患等书，此皆经世要务，不可不尽心讲求者。"兹据此分析如下。

关于水利、河患等学，罗泽南留下的材料不多，但有一些论述。如他曾评价治理黄河的历史经验说："黄河之害后世亦已甚矣。水以广而能受，后世欲与水争地，河身囚之而狭矣。水以下而乃流，后世不加疏浚之功，惟事堤防之力，泥沙日淤，河身日高，水不由地中而行地上矣。河本北行者，自会通河开则导之使南与淮合而为一，是河又失自然之道矣。上古水之为害或因人事之不施，后世水之为害则因事之多凿。"这段话表明罗泽南对水利确有一定研究。他正确地指出了治理黄河的根本原则是要疏浚泥沙因势利导，反对只采用筑坝防水的消极方法；他更说明任何自然灾害实际上皆有人的错误行为在其间促成，皆颇有见地。不过有关水利的具体措施和方法，却未见其有所论述，或者有关材料未留存下来。

看来，罗泽南重点研究的实学是地理和军事。

对于地理，其研究成果是《皇舆要览》。此书卷帙浩繁，一直藏于罗泽南家中，未刊行于世。刘蓉曾写信给罗泽南，不赞成他编纂此书："至谓将细考内地、边外、水道、山势及苗疆诸务汇为一书，此则可以不必，盖前人为此多矣。"认为其所作不会超出顾祖禹的《读史方舆纪要》。但罗泽南此次未听劝告，还是进行了这一工作。此书的学术价值如何，不得而知，但对罗泽南来说，最大的收获则是为他与太平军作战时在军事地理方面起了重要指导作用。因为按中国古代的传统，研究地理往往是为军事服务的。军事，是罗泽南经世实学中最重要的科目。罗泽南自小对军事就颇感兴趣。如前所述，他从十三四岁读《左传》时，就每自命题，仿其篇法做传记，如战、守、攻、取之类。他在阐述理学时，往往也提及军事原则。如关于人和的重要意义，他指出："用兵之道，以人和为第一著。人心不和则吾国之黎庶皆为敌人之资，不仅不能敌吾忾也。人心和则邻国之民仰其德政，不仅吾民足用也。"他还正确地指出了政治与人、与军事之间的关系："夫人之和不和，亦视乎道之得与不得耳。其道维何？曰正心修身，以清立政之原；发政施仁，以达立政之用。制田里，薄税敛，慎刑罚，正纪纲，如是则君之爱其民如父母之爱其子，民之卫其君如子弟之卫父兄。人心既和，敌患自消。"他还认为敌国相持时，力、谋皆不一定可靠，"惟德之盛者自能感召天下而不一失"。这样，理学与军事学又紧密结合了起来。又如，他指出了军队号令的重要性："他如士卒骄悍，大将之号令不行因而致败者多矣。"他还论述了将帅的重要性："帅强则士卒用命，指挥无不如意，帅弱则士卒骄悍肆恣而不可制。"他特别强调将帅的德与军令的关系："如军令肃士卒畏威，而大将暴虐，终不足以服其心，必至离德解体，军令有所不能行者。"所以"古人谓人主用兵不难于将兵而难于将将"。以理学治军的思想在这里已初露端倪。由此可见，罗泽南对军事修养有素，并能与理学融会贯通，日后他能成为"儒将"绝非偶然。

然而，罗泽南的经世致用之学的思想虽然较为深刻，不过，从另一方面看，其研究领域则较狭窄，不如经世派的其他成员那么广博。这大概与他长期生活于穷乡僻壤，生活艰辛，没有条件多钻研实学有关。但罗泽南作为清末经世派中杰出的一员则是毋庸置疑的。

第4章

湘军中坚

如前所述，罗泽南十分强调理学和经世之学的"用"，渴望为清王朝效劳尽力。但在太平天国起义爆发前，他能起的作用只限于阐发理学，培养子弟，捍卫程朱理学的正统观点而已。然而，太平天国起义的爆发，为罗泽南的"用"提供了广阔的舞台——与太平军作战，他的理学和经世之学才有了真正的用武之地。这里，我们简单分析一下这位后来的"罗忠节"的经历，亦即运用理学和经世实学来与太平军作战的过程和思想。

一、参与创建湘军

咸丰二年（1852），太平军由广西进入湖南。久受压迫的湖南民众群起响应，用曾国藩的话来说，他们"甘心从逆，动辄贴粤匪之伪示，张太平之逆旗，甚至乞儿偷盗，三五成群，亦敢倡言谋乱，毫无忌惮"。

在此形势下，罗泽南面临着支持、参加还是反对、镇压这场起义的抉择。

我们不妨看一看和罗泽南差不多是同年人的太平天国天王洪秀全，他是在屡试不中的情况下扯旗造反，企图推翻清王朝，建立自己的"人间天堂"来实现其人生价值。我们已经知道罗泽南早年的境遇：自幼家境贫寒，生活艰辛，历尽坎坷，比起洪秀全青年时期的遭遇来，其不幸在若干方面不仅相似，而且有过之而无不及。何况，他对封建统治的种种弊端的认识也是入木三分。应该说，从罗泽南的生活经历来看，他有参加起义的基础，何况在客观上也可能是一条出路。

但是，罗泽南不仅未参加起义，而且在这一年的七月（1852 年 9 月）应湘乡县令朱孙诒的邀请，与好友刘蓉、弟子王鑫一起编练该县的团练，正式走上了与太平军作战的道路。

这一抉择，原因虽多，如他已考中秀才，跻身士绅的行列，成为体制中的人，等等。但无疑，更主要的则是：罗泽南是笃信理学的"纯儒"，其理学、文化修养比洪秀全不知要高出多少倍。一贯忠于程朱理学、提倡忠孝节义、维护伦理纲常的他对封建弊政的批判，不是要推翻封建统治，而是"哀其不幸，怒其不争"，简言之，是由他的立场、他的理学思想所决定的。

罗泽南带头办团练，他的一批弟子门生纷纷响应加入，形成了以他为核心，以师生关系为纽带，以理学为精神支柱的封建集团。如李续宾，他的父亲得知罗泽南办团练的消息后，即命其前往参加。参加者还有其他门人如王鑫、李续宜、钟近衡、钟近濂、易良翰、易良干、罗镇南、罗信东、罗信南、罗信北、谢邦翰、杨昌浚等，皆成了这支团练亦即后来湘军的骨干。在组建过程中，罗泽南的威望和凝聚力是难以替代的。如其大弟子王鑫在咸丰元年（1851）即开始筹办团练，但号召力不强，不少人见其以一介书生出而拉队伍，言兵事，皆大为"骇怪"，认为他狂妄而躲得远远的，"莫不掩耳而走"。此时，依靠罗泽南则很快打开了局面。

组建工作完成后，罗泽南运用军事知识据说是按明戚继光的兵法对团勇进行正规的编组和训练，制定了最初的营制，更伴之以灌输陈旧的伦理纲常说教，以理治军，上下思想统一，团结一致，"纪律肃然"，这是罗部与众不同之处。这样，湘乡团练成了当时湘南众多团练中最为强悍的一支。

太平军攻长沙未克撤围北上后，巡抚张亮基奏保罗泽南以训导归部铨选，这标志着罗泽南进入了清朝官员的序列。随后，张亮基又檄调湘乡团勇千人来防守省城，罗泽南等人奉命率众前往。此时，适逢曾国藩拟创建新军。这是因为八旗军、绿营军早已腐朽窳败不堪，完全不能抵御太平军这种精锐之师，曾国藩曾恨铁不成钢地多次痛批其恶劣的习气：

一是各部之间毫无步调一致的观念，嫉功妒能，败不相救。

曾国藩形容道，平时，此军饿死，而彼军绝不肯分一粒往哺。战时，彼营出队，此营仿佛完全与己无关，张目而旁观，哆口而微笑。见其胜则深为忌妒之，恐其得赏银，被保奏。见其败，则袖手不顾，虽全军覆没，也没有一人出而援手拯救于生死呼吸之顷者。这种状况比比皆是。曾国藩说这是"极可伤恨者"。

再一个是怯于公战，而勇于私斗。清兵对太平军等造反者根本无所谓同仇敌忾，但对"同一战线"中的勇、团练却嫉恨刺骨。曾国藩列数道，远者如道光二十九年（1849）镇压新宁李沅发起义时，乡勇已登上城墙，清兵因嫉妒乡勇将得功而以鸟枪将其击中坠死，城遂将破而未破，李沅发又得以坚持了一段时间。近者如咸丰三年（1853）桂东之役，清军三厅兵寻杀湘勇于市。援助江西时，镇箪兵杀湘勇于三江口，重伤十余人。因嫉妒湘勇和反对曾国藩对其严加训练，咸丰三年七月十三日、八月初六日，长沙省城驻军两次鼓噪，发展成执旗吹号，出队开仗，差点戕杀曾国藩。兵杀勇、兵杀兵之事层出不穷。作战时，对勇不仅不会相助，甚至或佯为相救，而倒戈相害。遇太平军则一哄而散，溃不成伍。

曾国藩认为清军这种习气已病入膏肓，无药可救："习气太盛，安能更铸其面目而荡涤其肠胃？"恐怕岳飞、韩世忠复生，半年可教成其武艺；而孔子复生，三年也不能变革其恶习。

他还分析造成这种状况的一个重要原因是清政府对军队的调遣使用十分不当：在调兵的时候，不按建制，此营抽一百，彼营选五十。征兵一千，竟然抽选数营或十数营之多，其卒与卒已不相熟习。而统领之将又非平日本营之官。同一营人，或今年一次抽调百人到广东，明年又调五十人到湖北，一省所调是这样，他省也是如此。清廷根本不懂得或故意忽略：兵与兵、将与将、兵与将之间有一个磨合的过程。所以这样凑集起来的部队，只能是乌合之众，离心离德，将与将不习，士与士不和，此营败北，彼营不救，此营急行，彼营欲止，又有主将远隔，不奉令不敢出救者。又有平日有嫌隙，虽奉令故意迟缓回不往救者，种下了败不相救的祸根。

曾国藩断言，凭这样的部队，绝对不能战胜太平军，得以成大功。有鉴于此，他决心另起炉灶，别树一帜，改弦更张：彻底摒弃旧军，创建一支新军以取而代之。在曾国藩的心目中，他创建的这支部队应具有坚定不移的忠于清王朝、忠于封建圣道、决心为之死战的政治觉悟，有万众一心、生死相顾、上下一致、步调一致、同心同德的作风，有顽强的作战意志、高强的作战技能、臂使指应的指挥体制。而这支新军的构成和训练模式，曾国藩方案是选读书士子为骨干，统率朴直的山民，将政治训练与军事训练并重："鄙意欲练乡勇万人，概求吾党质直而晓军事之君子，将之以忠义之气为主，而辅之以训练之勤，相激相劘，以庶几于所谓诸将一心，万众一气者，或可以驰驱中原，渐望肃清。"曾国藩的这些主张与罗泽南的观点不谋而合，因此湘乡团练便成为他们实行此项计划的基础。

曾国藩委罗泽南以统率中营的重任。罗泽南也不负所望，与曾国藩一起制定了湘军营制数十条，"公与罗公商榷兵事，更定陆军营制"，基本内容是：以五百人为一营，每营四哨，每哨八十人。亲兵一哨六队，火器、刀矛各居其半，每营用担任运输辎重的长夫一百八十人。营官、哨官、队长以至勇夫薪粮，都有具体的规定，总体上要比绿营等经制之兵高得多，以此激励士气。同时曾国藩、罗泽南还制定了营规数十条。这一营制直接源于罗泽南前所定立的湘乡团练营制。而营规的核心仍是罗泽南的拿手好戏，他统带的团练早已实行的进行忠君卫道的洗脑教育，此时则更加系统、深入。罗泽南配合曾国藩，顺利而较圆满地实现了湘军由团练向正式军队的转化。

湘军很快显示了它不同于八旗军、绿营军的显著特点，即自觉地为维护清王朝而死战的决心、顽强的战斗力和团结一致的作风。咸丰三年五月，江西上犹等处起事民众进犯桂东，罗泽南奉命迅即率部前往抵御。在衡山草市，歼灭刘积厚、龙念七等二十余人。随后又至桂东与各军将起事民众击退。罗泽南因此被骆秉章保奏以知县用。同年六月，太平军西征进围南昌。曾国藩即派罗泽南、夏延樾、朱孙诒等率湘勇、楚勇三千人前往增援。此股援军至南昌城下，一反八旗军、绿营军见太平军即奔溃的惯例，竟敢主动向太平军进攻。"书生争奋搏寇"，太平军佯装败退，而抄袭其后，湘军战败。营官谢邦翰、罗镇南、易良干、罗信东及士兵八十一人战死，罗泽南藏匿于民房才得以幸免。随后他收集溃卒再战，太平军退走，围解。战死的这四名营官皆是罗泽南弟子，笃信罗氏教诲，讲求性理之学，提倡忠君卫道。此战实际上振奋了湘军的士气，打出了湘军的名气，更证实了湘军的作用，坚定了曾国藩扩大湘军的信念："于是国藩闻之以为湘勇果可用，虽败敢深入，官军不如也。"如他在给朱翼的信中所说："湘勇在外殊得嘉誉……江西七月廿四（1853 年 8 月 28 日）之役虽阵亡八十余人，而勇敢之名已大震于匡庐彭蠡之间。"这是罗泽南对创建湘军最重要的贡献之一。

江西泰和县的天地会众围攻吉安，八月，罗泽南又率部前往镇压，解围后追至安福，以三百人之众歼敌数千，为江西巡抚张芾保升直隶州知州。十月，为会剿泰和县进扰茶陵、攸县的另一批会党，罗泽南部又回师湖南。适永兴起事民众千余人占据油榨墟，罗泽南闻讯迅速将他们歼灭。平定永兴后，罗泽南驻军郴州，旋回衡州，将梁园八股垄、衡山草市、白果市、湘潭辰山、花市等处民众起事次第剿平。此时，他所统湘军，俨然已成曾国藩不容忽视的劲旅。相应的，曾、罗之间也暗中积聚了矛盾，成为影响湘军发展的一股潜流。

二、凝固剂与稳定器

对清廷来说，值得庆幸的是，这股潜流没有进一步发展成为明流。这主要归功于罗泽南从忠义立场出发，以大局为重，妥善处理湘军内部的矛盾，特别是与曾国藩的矛盾。这是罗泽南对创建发展湘军所起的又一重大作用。

罗泽南在湘军中的作用影响既如此之大，对此，曾国藩实际上既高兴又有所隐忧。高兴的是，罗泽南能有效地帮助他与太平军作战，有所隐忧的则是罗泽南可能自立门户，这对他独揽大权的企图应是一个巨大威胁。于是，曾国藩采取了两手方法。

一手是拉，表面上他对罗泽南十分尊敬，不断称赞和吹捧罗泽南忠义奋发，才识过人。正像他后来所说："往年余爱敬塔（塔齐布）、罗二公，逢人辄称颂其智勇。"例如，对江忠源声称："罗、郭、二刘数书生，忠勇有略，兹壮吾魄耳。"给其座师、当时的湖广总督吴文镕信中又高度赞誉罗泽南、郭嵩焘等人："今岁援江之湘勇，管带者如郭筠仙太史、朱石樵刺史、夏憩亭观察、罗罗山教谕皆难得之才……郭、罗则部下绅士，虽一介书生，实学识过人，可与谋军事者也，视张润农、王璞山皆迥出其上。"对湖南巡抚骆秉章也说："罗山酝酿甚深，德望为敝邑所推服。来示评骘，极为谛当。"

对罗泽南本人，曾国藩更是甜言蜜语不绝于口，近乎谀谀。如："自移旆吉安，屡捷之音、至仁之声日盈吾耳。弟在此间百无一谐，所欲与阁下言者非万言莫能罄。"曾国藩又多次单独与骆秉章等人联衔保奏罗泽南，使其迅速加官晋级，以加强笼络，很快即由教谕保升至直隶州知州，即是明证。当然，这其中应也有一些真心实意的成分，不过功利性目的更为主要。

另一手则是暗中拆台，限制和阻止罗泽南势力过分发展，而大致采取了以下几种方法。

一是广收门生，拉拢罗泽南弟子投效自己门下。但罗泽南的大弟子王鑫不为所动，声言"我的老师只有罗山一人"。曾国藩对此极为不满，这成了曾、王之间的尖锐矛盾之一。王鑫最终与曾国藩闹翻，改投骆秉章、左宗棠门下，所部湘军成为独立的"老湘营"。在曾、王矛盾发生后，曾国藩将其归咎为王鑫不愿听其节制，要自成体系，要自行扩编等，曾、王的这些矛盾确实也存在，但一看就知，皆是次要和表面的，而关键乃是王鑫不愿改换门庭。

二是散布湘军缺乏大将。曾国藩奏称，他在湘军将领中甄择已久，寻求能独当一面的大将十分困难，寻求遇到挫败后仍能支撑、不动摇者更难。陆路诸将领都是勇多谋少，"设一遇败挫，无晓事之将领以揩柱之，则恐溃散而无以自立"。很清楚，这是向清廷宣布罗泽南等人尽管有智有勇，但只能在曾国藩麾下听候调遣，而不能独当一面自成体系。其实，此前和随后实践皆证明，罗泽南是完全能够独当一面的大将，这点曾国藩也是不得不承认的，这就揭穿他的所奏实乃谎言。

三是一度企图将罗泽南所部湘军变为地方部队。咸丰三年年底，湘军经过充分准备后将出动主力与太平军作战。罗泽南部既是湘军精锐，理应参加出征。曾国藩一开始也邀请罗泽南出征，"此次破釜东征，未知肯惠然一出否"？说罗如参加，则不但能满足时任安徽巡抚的湘军另一悍将江忠源的"饥渴之望"，也是"天下之公幸也"。罗泽南也跃跃欲试，愿意前往。但曾国藩却很快又玩弄权术，一度竭力企图让罗部留守衡州，镇压当地会党起义。他在答夏廷樾的信中欲抑先扬说，罗泽南德气深厚，自己一直极端钦佩，如果带其同行，"不特可为干城腹心，而亦可为龟鉴药石"。但随即又话锋一转，说镇守衡州、永州等四属，环顾无人能比罗泽南合适，所以"刻下方踌躇也"。这样做既能防止罗泽南进一步立功扬名膨胀势力，又能借机削弱当时已与其势成水火的王鑫的力量——将王鑫所部缩编，纳入罗泽南部。他在给王鑫的信中明确说道："现在鄙意欲留罗山守衡，筠、霞之意，均欲扯罗山同赴下游，大约以守衡为更妙，盖他人难当此一面也。如罗山守衡，则尊处所剩之四百人，即交之剿办土匪。"罗泽南尚未表态，曾国藩便急不可待地四处散布罗泽南不愿意随其出征："罗山新自吉安归省，闻有不愿长征之意，未卜能强之一出否？""罗山到此，有不愿长征之意。"从而倒打一耙，将不带罗泽南出征的责任推到了罗泽南自己身上。然而，罗泽南却很快表示自己愿意出征："罗山来此畅谈一切，随弟长征，亦所不辞。"在此情况下，曾国藩干脆明确表示不想带罗泽南前去："罗山带勇，若驻扎衡州剿办上四属土匪，实为可靠。恃拟即留之在此，惟渠稳重，足服众心。"终于露出了真正的意图。

咸丰四年二月，湘军出动，罗泽南果然欲被留守衡州。曾国藩口口声声讲留罗泽南在衡州是因其德才最适合，但从同时他也不带王鑫出征要留王鑫剿"匪"的评论中却暴露出这是假话："璞山之志，久不乐为弟用，且观其过自矜许，亦似宜于剿土匪，而不宜于当大寇。"他向密友郭嵩焘表示坚决不带其出征："璞山一人而恃三千人，一出而独当一面，其阅历局量，似尚不足及此。其志趣所在，不特不欲受仆节制，亦未欲他帅节制也。与其进止之际以龃龉而失机，不如此时早自决定，不复带之东下。顷省中欲令其先率众以行，偏材而全用之，恐未宜也。仆既过誉于先，省门诸公又过信于后，仆亦不复相沮，恐人疑我为忌才妒功耳。"相反相成，殊途同归，实际上捧罗与压王的目的皆是一个——都不将他们作为主力使用，以免尾大不掉。这一卑劣用心遭到了舆论的一致谴责，连其好友也纷纷抱怨他不诚心待人。曾国藩辩解说："刘印渠、罗罗山之贤，仆阅人孔多，岂并此而忽之……治上四府土匪，环顾无逾罗山者，故与中丞商，即属之以此席专恃罗兄，仆尚恐难了此也。而肺腑之交或疑我不以诚求罗山出谋大事，而反置能者于闲散之也，是岂知我者乎!"然而欲盖弥彰，越描越黑，这番表白更活画出其虚伪面目。

对于曾国藩的排斥，罗泽南肯定不满意。但目前没有任何资料表明他也像王鑫那样公开与曾国藩决裂，或不听其调度拒绝留守衡州。这不是说罗泽南没有自己的见解，是听从曾国藩摆弄的木偶。曾国藩后来向李鸿章披露过："前此湘军如罗罗山、王璞山、李希庵、杨厚庵辈皆思自立门户，不肯寄人篱下，不愿在鄙人及胡、骆等脚下盘旋。"可见，罗泽南早就有自己的政治抱负抑或政治野心了。

但是，罗泽南从大局出发，服从调度，不提个人要求，绝不抱怨。迫于舆论压力和湘军将领强烈要求罗泽南出征，"从侍外出之人，多愿扯之同赴下游者"，也因为湘潭、靖港战役后湘军需要补充精锐，曾国藩不得不于咸丰四年五月调罗泽南部加入出征的战斗序列。此时，罗泽南则不计前嫌，毅然同意，并与曾国藩密切合作，听从其指挥调度。罗泽南对朝廷的忠心和其理学修养使湘军避免了再一次更加严重的分裂。说罗泽南堪称湘军早期的凝固剂和稳定器，是一点也不过分的。

第 5 章

"罗忠节"

罗泽南从咸丰四年五月加入湘军东征主力，至咸丰六年三月在武昌战殁，满算起来只有两年时间。但是，他几乎无役不从，战功显赫，所部亦成了湘军的最精锐的部队。

罗泽南的作战过程大体分为三个阶段：

一、攻占武汉

武汉、九江、安庆，是雄踞太平天国首都天京（今南京）上游的三大重镇，战略地位极端重要。太平天国欲保障天京安全，必须牢牢控制这三镇。所以，太平天国建都天京后，即迅速挥军溯江而上，进行西征，于咸丰三年五月初四日（1853年6月10日）占领安庆。围攻南昌九十余日未克后，于八月二十七日（1853年9月29日）占领九江。咸丰四年正月十九日（1854年2月16日）太平军攻占汉口、汉阳，六月初二日（1854年6月26日）攻占武昌。同样，湘军欲攻破天京，也必须首先占领这三镇。从某种意义上来说，从咸丰四年至同治三年（1864）的十年中，双方的军事行动主要就围绕这三镇的争夺而展开，其中又以号称九省通衢的武汉争夺战最为激烈，罗泽南即在这场争夺战中大显身手。

罗泽南部编入东征军后，即于六月与塔齐布部联合进军岳州，以打通进入湖北的通道。见湘军气势汹汹，兵力单薄的太平军采取了事先撤退，然后集中兵力反攻的方针。六月末，罗泽南一抵达岳州，就仔细察看周边形势，认识到大桥是通武汉的唯一通道，为太平军必争之地，即以所部千人扎此，占据要隘，离塔齐布营五里之远。

七月二十五夜（1854年8月18日）二万太平军由武昌赶到，次日黎明即猛扑罗营，占据九塘岭，焚烧湘军所立瞭望楼。二十八日、二十九日，每天皆以千余兵力向罗营猛攻。罗泽南以五百人守营寨，以五百人迎战，竟保住了这一战略通道，并于二十八日进击离大桥十里的高桥，将防守的太平军歼灭，二十九日又率李续宾、蒋益澧部连破九塘岭、城陵矶关帝庙处太平军营垒。曾国藩在向骆秉章通报战况时虽然称"此次陆路之功，智亭第一，罗山次之"，但他也实际承认主要是依靠罗泽南，不独塔齐布的西路赖罗部之力，使太平军不能抄袭后尾，就是湘军水师得以驻泊之南津港，亦赖罗部之力，因为南津港离大桥只有二十余里，舟通罗营，罗部扼守此处，使太平军不能从上游威胁水师。所以他又说："故塔之勇气充塞，罗之老谋坚定，功相亚也。"他还说明塔齐布乃是有勇无谋的匹夫，"塔公实无方略"，每次传令出队，并不具体交代某营宜从某路进，某营和某营接应，某营宜埋伏。接令者茫不知所适从，大家一齐向其请示，他亦茫然无以应之，只会说各营出队几成，向前杀敌而已。二十一日作战遭挫败，"诸（褚）将、刘弁殉难，各勇溃回，塔公即憭然无以自主，愤不欲生"。所以他承认应让罗泽南东征，只有罗泽南才能辅佐好塔齐布："侍之拙见，必欲请罗山东征，意在专于辅助塔公，使之虽败不乱，虽勇不轻，或者有济。舍罗山外，别无可以膊益智亭者，且向无夙交，智亦未必深信也。"并同意罗部扩充："罗山言千人太少，须再加数百人乃能自成一队，每战以六百人守营，以千人开仗。侍观二十六日之险，深以斯言为然。已饬其添招六百人。"（注：此处曾国藩所署日期有误）在家信中，曾国藩也对罗泽南赞不绝口，说罗泽南能以少胜多，罗部湘勇最为得力。为此曾国藩奏请将罗泽南以知府尽先选用，并赏戴花翎，为清廷迅速批准。

随后湘军各部进军崇阳。闰七月十七日（1854 年 9 月 9 日），罗泽南率部千人作为前锋先行，夜宿长安驿，击退太平军夜袭，十八日进扎羊楼司。他探明附近的羊楼峒山崖险峻，为通往崇阳的第一关隘，太平军于峒尾卢家桥扎立大营，搭盖棚厂，外竖松木，内贯黄土，高逾数丈，中跨溪水，拦截隘口，十分坚固，易守难攻。罗泽南于二十三日攻打此隘，他分左、右两支部队奋力登上山脊，分抄守军后路，自己亲率弁勇从中路进攻，将此卡一举攻破。太平军遂集中力量守护东部的佛岭另一卡隘。佛岭两山高峻，中间一线羊肠小道，尤为险绝。但二十四日仍被罗泽南督勇攻破。崇阳守将太平军总制廖京顺探知湘军大队未进，在羊楼峒者不及千人，遂从崇阳城调集太平军三千余人前来反击，二十六日上午猝至羊楼峒尾，但又被罗泽南一举击败。

太平军又于崇阳、蒲圻交界处的分水坳设卡抵拒，此处在佛岭以下二十里。罗泽南、塔齐布率部分别由南北两路分进。八月初二日（1854年9月23日），罗泽南等行至小沙坪，其地又是高峰插天，唯有羊肠一线可通行人。太平军用礌石滚木塞路，搭棚厂于峭壁之上，设卡扼险抵拒。罗泽南审明形势，派彭三元等攀登右山而上，李续宾等攀登左山而上，攀藤扪石，绕抄守军后路。罗泽南、普承尧则由中路进攻，直抵太平军营垒，将太平军营卡攻破焚毁。傍晚进扎虎爪市，又击退来攻的桂口的千余太平军。初四日，与塔齐布攻克崇阳。随后罗泽南又率部兼程疾进，乘太平军人心慌乱、内部空虚之机，于初九日一举占领武汉的外围重镇咸宁。

咸宁既破，湘军即直趋武汉，罗泽南仍率部先行，八月十三日（1854年10月4日）在横沟桥击溃防守的太平军，十五日进扎距武昌六十里的纸坊。十六日，罗泽南登八分山，观察地形，筹度进攻方略。十七日，罗泽南、塔齐布赴金口，与曾国藩会商进兵计划。武汉太平军约共二万余人，自沌口以下，东西两岸水陆营垒密布。罗泽南拿出所绘地图，分析进攻武昌、汉阳的道路。他指出，攻武昌之路有三条：一为古驿路，由油坊岭以达洪山；一为新驿路，由湖堤以达板桥；一为沿江之路，由金口以达花园。进攻汉阳之路也有三条：一为沿江之路，由沌口以达鹦鹉洲；一为里河之路，由蔡店以达西门；一由襄河建瓴而下。罗泽南认为太平军精锐悉屯于花园。如出洪山直攻，前临坚城，一旦仰攻不下，后路会受花园太平军的袭击。应首先集中重兵攻占花园，并乘势破鲇鱼套太平军营垒，聚歼太平军精锐，同时分兵出洪山防太平军反扑。花园既破，武昌可不攻而下。这一意见为诸将领一致采纳。曾国藩决定，以水师先剿江面，"使武汉之贼消息隔断；陆路则先攻武昌，后攻汉阳"。罗泽南自告奋勇，由金口一路先攻花园，塔齐布出偏师进攻洪山。魁玉、杨昌泗等率荆州兵从西岸沿江一路向汉阳进击，署湖广总督杨霈夹攻汉阳之背，"以期诸军会合，迅复坚城"。

二十一日，罗泽南率部分三路强攻花园。太平军从木城上开炮，炮子（当时是实心弹）如雨点而下。湘军在罗泽南的训练下从容应对，太平军炮将发则伏地以避弹子，弹子落地则蛇行继续前进。"凡三伏三进，直逼贼营。"李续宾攻江边之营，从竹签木桩中逾沟直入；罗泽南攻湖边之营，先烧营外太平军划艇百余号，以清除其抄己后尾的威胁，然后奋力直入；李光荣、唐训方攻中路之营，同时跃入。"诸勇或越高墙，或穿炮眼而入，贼众大溃，纵火焚其营垒。"二十二日，罗泽南部又策应水师进攻鲇鱼套，力克太平军营垒六座，焚毁大批太平军战船，武汉门户洞开。二十三日（1854 年 10 月 14 日）中午，罗泽南等部同时克复武昌、汉阳。不久汉口亦入湘军之手。曾国藩奏保罗泽南、李续宾，称其"自岳州拔营东下，常在各营之前，途中力战，七次大胜，攻克花园坚垒，制贼之命。罗泽南应请记名以道员用，李续宾应请以直隶州选用，赏换花翎"。

为武汉重镇失而复得而喜出望外的清廷照例批准，九月十二日上谕：罗泽南记名以道员用。李续宾以直隶州知州升用，并赏换花翎。三日后，又明谕补授罗泽南为浙江宁绍台道道员。这也是罗泽南生前所得的最高实职。

二、顺流而下，进窥九江

武汉既克，湘军得以按照曾国藩的预定计划，顺流而下，向第二个战略枢纽——九江进军。罗泽南仍率所部作为陆军前锋率先推进。太平军在湖北至江西沿途组织抵抗的将领秦日纲、罗大纲等，只会消极防御，在谋略上不是曾国藩、罗泽南的对手，因而接连失败，再次给了罗泽南立大功的机会。

九月十三日（1854 年 11 月 5 日），罗泽南率部由金牛堡出发，与塔齐布会剿兴国州的太平军。十七日，罗泽南进至大冶县。此时太平军得知湘军两路进剿的消息，遂从田家镇出动六千余人，半由兴国分抄大冶，堵拒武昌一路湘军，半踞兴国州城，堵拒金牛一路湘军。罗泽南等于二十日驰抵兴国境内的盐埠头，探听到太平军这一部署后，采取针锋相对的方针，一面截击大冶一路太平军归路，一面抵御兴国的太平军，使两部不得会合。太平军战败，无法前赴大冶，大多逃回兴国州城。二十一日，罗泽南等派队分三路前进，直薄兴国州城外。为湘军军威所慑，城内太平军悉数弃城逃跑，罗泽南遂占领兴国，与塔齐布会合。

紧接着，湘军在田家镇、半壁山进行了关键性一战。

田家镇、半壁山在武汉下游，分据南北，夹江而峙。这一带江面狭窄，水流湍急，孤峰峻拔，实属险要之地。东王杨秀清获悉武汉失守，震惊之余，急忙于八月二十四日（1854年10月15日）将湖北军事悉委燕王秦日纲统理。秦日纲受命后，即由九江驰抵田家镇、半壁山一带加紧设防。两岸共集结了太平军数万人，南北工事既自成体系又相互呼应：在北岸自蕲州至田家镇四十余里，沿岸增筑土城，安设炮位。在南岸的半壁山则筑营五座，派重兵驻守，并将防线延绵至富池口。山下挖掘宽三四丈、深丈余的深沟，引湖水灌满，沟内沿竖立炮台木栅，沟外沿密布竹签木桩，还在田家镇与半壁山之间横江架铁链六条，竹缆七条，以阻截湘军舟师。铁链之西侧排列战船三四十号，其东侧则泊民船约五千号，长达六十里。两岸太平军通过舟楫往来。杨秀清还专门派人从天京送来一座巨排泊于此处江心，上设火炮、工事，作为江中堡垒，以加强该处防御。秦日纲的部署不可谓不严密，但显而易见，是采取了消极防御的方针，曾国藩、罗泽南很快看清并充分利用了太平军的这一致命弱点。

曾国藩、罗泽南认识到，要攻破田家镇，必须先夺取南岸的半壁山（在今湖北省阳新县）。咸丰三年清军在田家镇失防，皆因半壁山、富池口为太平军所据，势遂不支，所以南岸为必争之地。在攻克兴国、大冶后，曾国藩、罗泽南即定议要全力攻占半壁山、富池口两处。八月二十八日，塔齐布自兴国拔营进窥富池口，罗泽南则进窥半壁山。九月初一日湘军行抵马岭坳，距半壁山太平军营垒二三里处，罗泽南登高审度形势，正欲扎营时，万余太平军突然出击，企图攻其不意。半壁山至马岭坳湖汊纷错，只有两堤可通行。湘军列阵以待，拟等李续宾部到达再开战。但太平军攻势凌厉，击毙数名湘军，其余的士兵开始后退。罗泽南见状，担心一溃之后不可复救，即自带悍卒数十人匹马冲出，奋力堵杀，从堤左杀到堤右，受此鼓舞，湘军士气为之复振。但太平军愈杀愈多，炮子雨下，火箭、喷筒交放，异常顽强。湘军进，太平军则稍退，湘军退，太平军则再攻，"如此者数十次，血战三时之久。贼虽屡挫，尚拼死抵拒"。随后李续宾带湘勇后队赶来救应，罗泽南遂率湘军进攻半壁山太平军大营，从木桩、竹签中逾沟而入，纵火焚烧，烟焰蔽空，焚杀太平军数百名，追至江岸，太平军登舟而逃，湘军又抢入舟中，杀毙太平军近千人，"江水尽赤，覆舟溺毙者亦不下千人，浮尸蔽江。伪秋官丞相林绍璋被湘勇追至舟边杀于马下"。因担心湘军乘胜渡江，太平军自将浮桥砍断。湘军又生擒太平军四十余名，"据供除林绍璋外又有伪将军陈姓、伪指挥彭姓及伪官数十名均已就戮"。

九月初二日，太平军又出动数千人搦战。罗泽南因各勇久战力疲，不令出队迎战。塔齐布在军山咀扎营，与罗泽南之营相去十余里，中隔小河。初四日，秦日纲又亲督两万人进击。当时塔齐布正遣人搭造浮桥，以通两营之路，罗泽南派队接应。桥尚未成，太平军出动千余人进行截击，又有数千太平军乘船登岸，排列半壁山之左，北岸田家镇又有太平军数千渡江，排列半壁山之右，半壁山营垒中的太平军，亦皆摇旗出队。罗泽南急登高阜瞭望，"见伪官坐拥将台，高声发令，龙旗、黄伞，气焰甚张，数路贼党约共二万余人"。湘军因塔齐布部队无桥可渡，罗泽南等湘勇、宝勇只有二千六百人，在众寡悬殊的情况下，三名湘军士兵胆怯而临阵脱逃。李续宾遣人追回这三人，亲手将他们杀掉，然后慷慨激昂做战地动员，湘军军心才稳固。罗泽南与众将士约："贼众我寡，当以坚忍不发胜之。"即督勇驻扎高阜之左，李续宾驻高阜之右，彭三元等排列江岸，普承尧等排列马铃山左坳，防止太平军返奔归半壁山旧营。该处孤峰拔起，唯后路有台阶可登，前瞰大江，下临绝地。湘军乘胜追杀，冲上山巅，太平军无路可逃，被杀千余人，从峭壁之上横坠而下死者数千人，"触石挂树，血肉狼藉"。剩余的太平军奔赴江边觅船，湘军亦缘壁下击，呼声震山谷。有十余条船因人数过挤而自行沉溺；有数十船未及开动，即被湘军跃上，即使已开的船只，驾驶的太平军亦战栗不能鼓棹，湘军又用火弹、火箭焚烧。"即合营之长夫余丁亦各执械争出，或一人杀十余贼。平地流血，崖有殷痕，江之南岸，水皆猩红。自湘潭、岳州以来陆战数十次，未有毙贼如此之多者也。"

太平军大败之后，将船只概移归北岸。湘军将南岸太平军营尽数焚毁，又派悍勇百余人缒崖而下，将横江铁锁六条、竹缆七条斫断，日暮收队。当晚罗、塔两营间浮桥建成。初五日，韦俊、石镇仑、韦以德率太平军三千余人又从田家镇渡江来攻，意欲抢过浮桥先扑塔齐布营垒。酣战良久，反复争夺，罗泽南、塔齐布两军再次大败太平军，太平军余部退回北岸田家镇。据生擒的太平军供称，初四日登将台指挥者为燕王秦日纲，因愤恨岳州、武汉之败，率领太平军老战士来扼守田家镇。初一日，秦日纲泊舟彭塘观阵，见湘军止有五六千人，十分轻视。初四日，即全力来攻，企图以一部遏阻塔齐布的部队使其不得渡河，以一部围扑湘勇、宝勇各营，未料遭到大败。初五日，又兴师复仇，想以一部先攻下游，诱湘军全队下击时，别以一部从上游潜渡扑营，但为罗泽南识破，"不图屡战屡败，不敢复窥南岸，而半壁山遂为我军所有矣"。十月二十二日（1854年12月11日），罗泽南因此功而被赏叶普铿额巴图鲁名号。

十月十三日，根据曾国藩、罗泽南及水师统领杨载福、彭玉麟等的部署，湘军水师分四队进攻田家镇。第一队，配备炭炉、铁剪、大椎、大斧，负责斩断太平军重设的拦江铁链铁锁。第三队等铁链铁锁斫断后，直驰下游截住太平军船队，再溯江而上放火焚烧太平军船只。第二队专管进攻太平军战船，以掩护第一队和第三队。第四队则坚守老营，以防太平军船只冒死上犯。塔齐布、罗泽南、周凤山等率陆军六千人，排列长江南岸为水师助威。这一部署可谓严密、毒辣。实行的结果是太平军再次大败，被焚战船四千余只，伤亡惨重。秦日纲、韦俊自焚营盘，撤至黄梅一带。至此，太平军苦心经营的田家镇、半壁山江防被湘军彻底攻破，水师基本覆没，陆师损失大批精锐，湖北疆土大部沦丧。十月二十九日（1854年11月29日），罗泽南因此功被赏加按察使衔。

田家镇、半壁山之胜，大长湘军骄安之气。十月二十日，塔齐布、罗泽南率部由半壁山渡江至田家镇，三日渡毕，即循北岸而下，直指九江对岸，拟与水师会合，相机攻占九江。罗泽南部军锋甚锐，沿途不断获胜。

十月二十八日，罗泽南在杀毙一千余名太平军后攻占广济，打开了入赣通道，随即组织了黄梅战役。

黄梅县地处长江北岸，为湖北、安徽、江西三省的枢纽，对太平军来说，守住黄梅，西可反攻武汉，东可屏蔽安庆，南可捍卫九江。田家镇之战后，太平军的主力群聚于黄梅一带，计有：燕王秦日纲率领的田家镇余部，检点陈玉成等率领的蕲州部，丞相罗大纲率领的安庆新到的大批援军及太湖、宿松各部，弹丸之地重兵猬集，以拒湘军东下之师。其防守也有了新特点，所谓"不守城而守险，不守一隅而分拒数处"：在城南的小池口驻军万余人以抵拒湘军水师；在城西二十里的大河埔立营五座，两座大营一在龙头寨山上，一在古义丰县废城之南，三座小营夹立于左右，"深沟坚墙，木桩竹签，与田镇相似"，五营共驻军数万人。黄梅城本身的防御更加严密。该城东南倚山，高峰排列，一溪绕城根四面，沟港错集，水深泥烂，只有两座桥可通行。北面则冈阜迭起，险要累累，为攻城必由之路。太平军在北门外扎大营三座，垒壁坚固，营外遍掘梅花陷坑，深逾丈余，布以地雷、竹签，集万余人于其中；在西门外扎一小营；拆民房砖石将城墙增高数尺，滚木礌石，四面环布。又以数千人往来孔垄驿做机动部队，与诸处进行联络。罗泽南与塔齐布通过间谍，将太平军防务情况了解得一清二楚。

十一月初一日（1854 年 12 月 1 日），罗泽南率部进驻离大河埠十里之双城驿扎营。太平军两万余人乘湘军初到营垒未立，采取声东击西的方法分三路主动进攻。罗泽南亦分三路抗击，抢占制高点，击退太平军后，急追十里，直逼大河埠，很快将太平军五座营垒攻破，全部焚毁，共杀毙太平军三千余人，生擒九十四名，就地"正法"，夺获大批粮食、物资、军械。这场前哨战，湘军又获全胜。

初三日，罗泽南率部由双城驿拔营，下午即抵达黄梅城西四里之夏新桥。罗泽南与塔齐布在城外周历高冈，审视形势，制定进攻方案。因日暮不能进攻，遂将西门外太平军小营焚毁后而归。初四日辰刻，周凤山等人进攻西门，罗泽南、塔齐布率各部会攻北门，直逼太平军营垒。根据事前的周密部署，湘军放火焚烧太平军营垒，四面进行围剿。太平军守军由营垒溃出，堕入陷坑者二千多人，"坑固深峻，又有木桩极锐，我师从坑上刺之，如刺死豚，宛转哀号，鲜得脱者"。湘军遂乘胜直逼北门城根。城上太平军枪炮齐开，木石纷掷，湘军冒险冲杀，连毙太平军千余人，"尸填盈沟，水为腥赤"，城外的太平军悉数退往东南马尾山。失去外围支撑的守城部队已无力再守，湘军肉搏乘梯而登，攻入城内，复杀守军数百人，太平军余众遂从小南门、化龙门缒城而出，奔向东南山谷中。湘军随即克复了黄梅县城。

黄梅防御体系崩溃，秦日纲、陈玉成率部撤退后，罗大纲所部仍控制着孔垅驿、小池口一带，与九江太平军隔江相望，保护太平军残余船只，牵制湘军水师。于是罗大纲又成了罗泽南打击的重点。十二月初七日，罗泽南率李续宾、彭三元、普承尧等共四千人行二十里至濯港，遭遇由孔垅驿驰至的太平军两万余人。濯港是一个小市镇，东面为千余亩田垅，西面濒临数里长池，水深岸峻，池外多湖汊。罗泽南在部队尚未集结完毕的情况下，沉着应战，将太平军的三路进攻部队先后击败，又乘胜追入市内，击毙太平军四百余人，逼溺市西池中者八九百人，"贼尸积累，几与半壁山相等"。随后又追杀百余人，"共毙贼约千四五百名，生擒八十五名，夺获旗帜、枪械、子药无算"。

十一日，罗泽南与塔齐布同至孔垅驿附近，审视形势。孔垅驿南通小池口，东绕溪港，西面则是稻田万顷，北去白湖渡十里，长堤一线，两旁皆寒流泥淖。罗大纲、赖桂英等太平军将领对孔垅市严密布防，东面凭水为固，西南北三面环筑土城，密安炮孔，搭盖瞭望楼台，竹签、木桩密钉无间，十分坚固。但湘军更为凶悍。十二日，湘军八千人全师进攻。由于北路单堤太窄不能布阵，罗泽南乃至乌鱼金坝，访查出有小路可绕至孔垅驿西南，遂商定两路进军的路线，迅速攻至驿前，尾随溃败的太平军突入土城。凶悍的湘军为抢功劳，有的竟来不及由门而进，而是三四人搭人梯而入。"其尤勇者，卓矛于地，一纵跃入。"围城部队又与攻城部队紧密配合，太平军被逼入东面寒流泥淖之中，溺死者以千余计。奔入市中被诸勇追杀者近两千人。一些太平军藏匿民楼，或登上屋脊，抛掷瓦片进行最后抗击。湘军遂纵火大烧街市，"烟焰弥天，会西北风作，孔垅市中数百家须臾灰烬。诸勇环守，贼众鲜得脱者"。

罗泽南随后又查明，秦日纲自黄梅败后退往舒城；罗大纲自孔垄驿败后即日退至小池口率千余人渡江，连夜奔至湖口；丞相林启荣据守九江与湖口相掎角，将为死守抗拒之计。针对这一形势，曾国藩、罗泽南作出部署：塔齐布部于九江上游渡江绕出南路；罗泽南部于九江下游渡江，将围攻东路；水师扼截湖口，堵御太平军所获江西炮船，防止其突入长江，以免遗后日无穷之累。三路围攻，企图上复九江，下清湖口，致太平天国以死命。此前，曾国藩对形势已有过如此乐观的估计："逆贼经屡次大创，前后焚毁逆船约计万余号，长江之险，我已扼其上游，金陵贼巢所需米石油煤等物来路半已断绝，逆船有减无增，东南大局似有转机。"

三、坚城难下，东奔西突

石达开旋乾转坤，罗泽南疲于奔命

这种状况到咸丰四年年底发生了根本性变化。

西征军的连续失利，对太平军是一个沉重打击。震惊之余，实际执政的东王杨秀清遂改派翼王石达开赶回安庆主持上游军事。石达开审时度势，鉴于湘军士气正旺、军锋正锐，水师更占绝对优势的实际情况，遂采取了扼守要塞，伺机打击的积极防御方针：石达开本人坐镇湖口，林启荣据守九江，罗大纲据守湖口对岸的梅家洲，皆增垒浚濠，赶筑了牢固工事，水陆相依，从而形成了三足鼎立，相互策应，相互配合的完整的防御体系，以逸待劳，与湘军抗衡。

咸丰四年十一月十五日（1855 年 1 月 3 日），湘军水军、陆军会师于小池口。十八日，塔齐布从上游琵琶亭渡江，次日移营九江南门外。湘军另一首领时任湖北按察使的胡林翼亦率黔勇两千赶至，分扎要隘。二十一日，罗泽南从下游白水渡江，以期上下夹击。曾国藩又调入原做预备队的副将王国才所部三千人，使围攻九江总兵力达到一万五千人。

二十一日晨，太平军乘罗泽南部渡江未毕之际，从北门、小东门主动出击。罗泽南一面派兵守护营帐，一面列队迎击。湘军士兵忍饥鏖战，战斗中，被地雷炸死炸伤四十余人，罗泽南的右臂及手指亦被飞石击伤。但罗泽南临危不乱，"勒马小驻，挥令在后者无许续追，在前者无许再退。且驻且战，回至岳师门外"。经反复拉锯，俟太平军撤退，罗泽南才从容收队，扎营白水港。但此战打乱了罗泽南原先的部署，特别是帐房均未运至，夜间雨雪交加，湘军多露立于寒风泥淖之中，虽苦不堪言，但仍保持着高度的戒备。

此后湘军各部开始连日攻城。林启荣的严密防守，使九江成为一座坚不可摧的堡垒，罗泽南总结说："九江城如斗大，梅家洲尤一小垒耳。而贼坚壁以老我师，静若无人，夜无更柝号火。我军一至城下，则旗举炮发，环城数千堞，旗帜皆立如林"，使湘军连连碰壁。罗泽南也不得不佩服："启容之善守，贼中一将才也！"

二十六日塔齐布、胡林翼攻九江西门，未克，伤亡众多。十二月初一日，湘军发动全面进攻。塔齐布由新坝进攻西城，罗泽南等攻东门，胡林翼等攻南门，王国才带奋勇七百人由舟次登岸，拟乘虚攻入九华门。各部"因城上枪炮、木石交施，屡次抢登不能得手"，伤亡惨重，参将童添云亦中炮阵亡，又以失败告终。

曾国藩、罗泽南、胡林翼见九江防御严密，难以得手，遂采取"舍坚而攻瑕"的方针，向湖口、梅家洲等处轮番出击，拟先剪九江羽翼，将九江孤立起来。如曾国藩所奏："伏查该逆上踞江城，下踞湖口，复分股盘踞大姑塘，迭扰南康府城，原图牵制我师，使江西与湖口不能联合一气。臣等定谋先攻湖口，搜剿内河，使鄱湖之贼舟悉灭，则浔城之外援益断。"但也希望落空。

按统一部署，胡林翼、罗泽南、李续宾及永州府知府张丞实等先攻梅家洲的太平军营垒。王国才及参将恒泰等由小池口渡江，与罗泽南等军合营，以加大兵力。初五日胡林翼、罗泽南等拔营前进，王国才移扎塔齐布大营之旁，恒泰及参将扎拉罕分带兵勇七百人，尚未及移近大营。太平军探知恒泰等人兵力单薄，孤立突出，遂于初六日早晨突然出动两千人进行攻击，给予沉重打击。但罗泽南、胡林翼不为所动，仍于初六日行抵距梅家洲八里许的盆山。

太平军对梅家洲设防比之武昌、田家镇更为严密。在洲上内河口内扎大小木排各一座，东岸城外厚筑土城，多安炮位；西岸立木城二座，高与城等，炮眼三层，周围密排，营外木桩、竹签广布十余丈。掘壕数重，内安地雷，上用大木横斜搭架，钉满铁蒺藜。罗泽南、胡林翼在盆山驻营甫定，即派队进攻，太平军坚守不出，凭墙施放枪炮，子如骤雨，湘军终以地险不能入。初七日，湘军方欲进攻，梅家洲的太平军七八千人分三路出击，大姑塘的太平军又以四千余人扑盔山大营之背，企图乘湘军进攻洲上时，袭击其后，胡林翼、罗泽南虽击退了太平军的进攻，但也无所进展。

在罗泽南猛攻梅家洲之际，湘军水师再次攻击湖口。太平军利用河道狭窄的条件，将数十丈长的巨排横亘江心，排侧列有炮船，排外有铁锁、篾缆，层层固护，成一江心堡垒，湘军因此遭受惨重伤亡。激战中，木排上的火药被击中爆炸，"巨烟轰发，响若山颓"，但排上太平军临死不屈，继续顽强抵抗：当木排已燃烧过半时，未烧一面上的太平军仍开炮不绝。更惨烈的是，在此危急存亡关头，木排瞭望楼上的太平军仍屹立不动，直待全排火满，瞭望楼倾倒，他们才或自投烈焰，或投入冰冷刺骨的江中潜至木排底，良久乃自他处旋波以出。曾国藩也不得不说他们"狠忍如此"。木排被焚毁后，太平军又连夜将大船凿沉江心，实以沙石，仅西岸留一隘口，拦以篾缆。这又成了湘军的一大障碍。罗泽南部也在陆上配合水师烧杀，但仍未拿下湖口。

初十日，罗泽南、胡林翼下决心要攻破梅家洲太平军营垒，湘军士兵"负布袋囊土，人持火包，一拥而前，冲突于贼炮攒簇之间"。已有数十人率先攻入，但抛掷火包，炸伤了自己的同伴。伤者被送出时，垒外的其他湘军士兵误认为是败退，遂狂奔至三四里以外。太平军击退湘军进攻后，"遁入坚垒，固匿不出"。湘军水师同日进攻西岸的石卡，也无功而返。

湘军屯于坚城之下久攻不克，太平军则不时前来骚扰。鉴于此时水师力量已很薄弱，不是湘军水师对手，太平军遂将水师剩余主力休整待命，每每用小船百余号，或二三只一联，或五只一联，上面堆积柴草，实以硝药，灌以膏油，分十余起纵火下放，炮船随后伺机攻击。同时两岸又夜夜出陆师千余人对湘军进行袭扰，呼声鼎沸，兼放火筒、火球，大呼惊营，搞得湘军"彻夜戒严，不敢安枕"，疲劳不堪，焦躁不安。

于是，石达开等太平军将领利用湘军这种骄横和焦躁的心理状态，对其水师进行分割。他们认识到，湘军之所以取胜，很大程度上是依靠水上优势。欲破湘军，必先破其水师。而湘军水师由大小两部分船只组成。大船坚固载厚，但笨重迟缓，小船灵活机动，但质薄载轻，不利久战，二者相互配合，取长补短，构成了强悍的战斗力。若能将其分开，则各自劣势立现，可以分别击破。根据这一思路，太平军作好充分准备，伺机而发。十二月十二日（1855 年 1 月 29 日），湘军水师萧捷三、段莹器、孙昌国等部想迅速肃清鄱阳湖以内太平军水师残余，遂率各营长龙、三板一百二十余号轻捷之舟，冲入湖内，深入姑塘以上。太平军立即捕捉住这一战机，出动小船二十余号突出卡外，围攻湘军快蟹等笨重的大船，保升都司史久立首当其冲，被围良久，船只被烧，力战死亡。是夜三更，太平军又用小船三四十号冲入水师老营火烧船只，两岸数千太平军火箭喷筒迷乱施放，呼声震天。湘军以内湖百余轻捷战船未归，无法抵御，被焚大战船九号，小者数号，杂色坐船三十余号。湘军水师遭此突然打击，溃不成军，快蟹、长龙等船挂帆上驶，李孟群、彭玉麟不能禁止，次日悉回九江大营。

与此同时，太平军迅即塞断湖口水卡，修筑工事，安设炮位，用船只搭起两座浮桥，与垒卡相连，以强大的火力封锁入口，将入湖敌船死死封在湖内不得再出，由此湘军水师被肢解为外江、内湖两支：内湖为轻捷之舟，外江为笨重大船，皆难以发挥效能，外江水师更难以立足。如曾国藩所说："百余轻捷之船、两千精健之卒陷入鄱湖内河业被贼卡隔绝，外江所存多笨重船只，运棹不灵，如鸟去翼，如虫去足，实觉无以自立。"自十二日夜之战后，"贼之凶焰顿长"。梅家洲的太平军夜夜攻扑胡林翼、罗泽南等营。湖口的太平军渡江上攻，扎营九江对岸之小池口。十二月二十一日，周凤山部也先胜后挫。曾国藩以水师既陷于内河，陆军复挫于小池口，遂调胡林翼、罗泽南二军由湖口回剿九江，二十五日（1855 年 2 月 11 日）驻扎南岸官牌夹。

然而就在此夜，太平军再次对湘军水师发动了更大规模的袭击。是夜三更，月黑迷漫，咫尺莫辨，九江与小池口两岸的太平军各抬小船数十只入江，冲入湘军船队，百余支火蛋、喷筒齐放，大批湘军战船被烧，引起一派慌乱，纷纷挂帆上驶，损失无数。曾国藩急忙下令阻止船只逃跑，但江阔船多，各船自顾逃跑已不服从命令，根本无法禁止。太平军的小船已将曾国藩的坐船团团围困，一举俘获，管驾官广东把总刘盛槐、李子成，监印官安乡县典史潘兆奎，文生葛荣册均被打死，文案全失。曾国藩羞愤已极，投水自尽被幕僚救起送往罗泽南营。在紧急中，各战船亦纷纷向罗泽南陆营靠拢，与其紧相依护，罗泽南、曾国藩又派人四出追回上驶之船，太平军也在天亮时收队。这一仗直打得湘军上下胆破心惊，士气低迷。

太平军连次大捷，使得形势顿为改观。曾国藩迅克九江、直捣天京的企图化为泡影。太平军开始转败为胜，彻底扭转了西征湘潭之战以来屡遭挫折的不利战局：掌握了主动权，随即进行了反攻。二十六日上攻，初一日至武穴，初二日至蕲州，清军后方空虚，只会虚张声势的湖广总督杨霈一败涂地。咸丰五年二月十七日（1855年4月3日），太平军第三次占领武昌，重新控制了江西、湖北大片土地，迎来了太平天国的鼎盛局面。

在这危急关头，面对如此困境，罗泽南竭力帮助曾国藩整饬队伍，稳定军心，以攻代守，进行支撑：二十九日曾国藩派李续宾、蒋益澧等带湘勇一千二百人从二套口渡江攻剿小池口的太平军，罗泽南带兵二百人渡江接应，结果先胜后挫。曾国藩又因九江一面临江，两面濒湖，唯东门有陆路可入，而于东门外小岭下扎一新营，开掘地道，企图轰破城垣。罗泽南也积极配合之，但仍劳而无功，九江依然屹立不动。

很快，太平军又分攻江西各地，江西全省动荡不安，特别是东路饶州、广信、乐平、景德镇、祁门、徽州等处开始吃紧，严重威胁江、浙转饷与文报入京之路。困守南昌的曾国藩称自己"每闻春风之怒号则寸心欲碎，见贼帆之上驶则绕屋彷徨"，可谓哀鸣。为牵制太平军不致全部移往上游以减轻湖北压力，塔齐布的五千人滞留在九江城下伺机攻城，因而无法动弹，于是罗泽南又成了曾国藩和江西巡抚陈启迈唯一可以依赖的救火队，何处吃紧则赶赴何处。

罗部先是被派往饶州进剿，拟攻克饶州后转攻景德镇或由建德转攻池州。奉命后，罗泽南率部于咸丰五年三月二十日（1855年5月5日）向弋阳出发，先在入弋阳的要道大水桥一带与前来进攻的太平军血战两场，杀毙、焚毙、溺毙太平军不下三千余名，随后于二十一日晨，乘胜将弋阳一举攻占。二十三日，罗泽南率部抵兴安城外，太平军守军弃城而走，罗部即占兴安。此时广信（今江西上饶）已先一日被太平军占领。罗泽南闻讯即于二十五日奔驰三十里，占据广信城西之乌石山制高点，"其地孤峰高耸，俯瞰一切，贼之出入莫能隐遁"。太平军果然又来进攻，罗泽南以逸待劳，于二十五日、二十六日两次将其击溃，随即乘胜在二十七日占据广信府城。东路压力遂大大减轻。为此功，清廷于五月初二日将罗泽南交部从优议叙。

克复广信后，罗泽南得知太平军大队聚集在景德镇，即率军前往。太平军又由祁门、婺源进扰徽州等处，浙江巡抚何桂清受到威胁，檄调罗泽南往徽州会剿。何桂清是曾国藩的政敌，曾国藩当然不愿为其火中取栗，遂以"以此军去徽太远，声势阻隔，饷道难通"为由飞调罗泽南仍回饶州都昌与水师会攻湖口。然而，五月十七日江西巡抚陈启迈又因义宁州（今江西修水）失守，都司吴锡光阵亡，江西全省震动，咨请曾国藩飞调罗泽南回省，以固根本。于是罗泽南又冒暑赶回南昌，六月二十四日从南昌向义宁进发，七月初五日（1855年8月17日）驻扎梁口，十三日在乾坑、十四日在鳌岭、十五日在义宁城西与太平军大战，均获全胜，前后杀毙太平军七八千人，几乎与半壁山之战相当。十六日即攻克义宁州城。义宁在万山之

097

中，形势险阻，地连湖北、湖南，一隅不靖，三省戒严。罗泽南迅速攻占义宁，不仅解除了江西、湖南两省的肘腋之患，而且打开了前往湖北崇阳、通山的通道，具有重大的战略意义。曾国藩因此奏请加罗泽南布政使衔。清廷当然同意，八月初九日咸丰发上谕，加罗泽南布政使衔。七月十八日，塔齐布病逝，罗泽南更成了曾国藩的南天一柱。

理学、经世之学与指挥作战

近两年来的实践，充分显示了罗泽南的作战特点、军事思想。

罗泽南与太平军作战的两年中，始终是以少击众。罗部创立伊始，只有七百余人，编入出征序列后增至一千人。最多时才增至五千人。但罗部经常与数倍甚至十数倍于它的太平军作战并取得胜利。如咸丰四年九月（1854年10月）半壁山之战，罗部以两千人的兵力胜太平军数万人。同年十二月双城驿、濠港之战，罗泽南又与塔齐布以八千余人的兵力破罗大纲部两万余人，皆为著名战例。所以胡林翼曾说："罗泽南之兵极精而少于贼数不止十倍。"曾国藩也曾褒扬说：罗泽南"转战千里，审几度势，谋深勇沉，每于未筑营垒之际猝遇贼至，常能从容镇定，以寡胜众"。这些话应符合事实。

罗泽南之所以能以少击众，原因很多，但最重要的原因是他善于运用理学一些观点和军事、地理学识来指导作战。

其一，善于观测和利用地形。胡林翼说："罗泽南之行军也，审量地势，隃度贼情，每多胜算。"曾国藩则称赞他："行军好相度山川脉络，又其讲求舆图之效。""讲求舆图之效"，是指善于使用地图，在当时这是难能可贵的。

以前述咸丰四年七月（1854 年 8 月）开始的岳州之战为例，当时太平军设重兵防守岳州，以阻止湘军进击武汉。"罗山到岳，即周视形势，知大桥为贼所必争之地。"因为岳州四面环水，只有此大桥一路上通长沙，为太平军必争之地。于是罗泽南单独率千人驻扎于此，占据要隘。从七月二十五日起至闰七月初二日，连续七天抵御太平军进攻，扼守不稍后退，并采取反冲击等战术以攻为守，终于阻遏了太平军，保证了岳州战役的胜利。曾国藩在给清廷的奏报中评价罗泽南的突出作用说："管带湘勇委员罗泽南，行军整暇，沈毅有谋，尤善审择地势，独当大桥一面，扼守总隘。"评价应属实事求是。

又如咸丰四年八月（1854 年 10 月）攻占武昌之役。武昌作为太平天国在西线最重要的战略据点，当时有守军两万余人，布防严密。湘军兵临城下后，如前所述，罗泽南即偕塔齐布、李续宾等人登八分山观察地形。在曾国藩召开军事会议，讨论会攻武昌的作战计划时，也是罗泽南提出了进兵之道和相应的作战部署，这个方案建筑在实地考察的基础之上，充分考虑了地形兵力诸因素，知彼知己，避实击虚，无疑十分正确。按此实施后，湘军于二十三日（1854 年 10 月 14 日）攻占了武汉三镇，歼灭了太平军在长江上游的大部分水师，取得了与太平军作战以来最重大的成果。

从上述战例可以看出，罗泽南善于审地势，扼险要，然后出奇制胜。虽然不少湘军将领皆很重视地形观测并能利用地形进行作战，但罗泽南被公认为是其中最为突出的一个。这是他早年钻研地理，对山川地势有深入了解的结果。

其二，以静制动，后发制人。对于这一点，众多的记载一致予以肯定。如《清史稿》称他："尝论兵略，谓《大学》首章'知止'数语尽之，《左传》'再衰'、'三竭'之言，其脚注也。"曾国藩也称他："其临阵审固乃发，亦本主静察几之说。""知止"语出《大学》，原文为："知止而后有定，定而后能静，静而后能安，安而后能虑，虑而后能得。"其含义是了解"至善"之所在，从而能立志，心不妄动，所处而安，处事精详，然后才能达到"至善"的境地。这是理学的修养方法和原则，集中表现了前面介绍的罗泽南所信奉的"主静"说。罗泽南将此段话作为作战指导原则，其含义乃成为：作战时不轻举妄动，沉着应战，冷静观测敌方状况，积蓄士气，避敌锋锐，乘其懈怠而攻其不备。"主静"是条件和前提，后发制人进行歼敌则是目的。如曾国藩所具体阐述的："罗泽南自与此贼接仗以来，专用以静制动之法，每交锋对垒，贼党放枪数次，大呼数次，而我军坚伏不动，如不敢战，往往取胜。"

所以从广义上看，这仍是属于周敦颐的"主静"思想，不过要达到的目的不是修养而是歼敌。罗泽南恰当地将理学与军事学术相结合，用来指导作战，不愧为"儒将"。

咸丰四年七月岳州之战，当太平军进攻时，"罗泽南据险以待，各勇静仗不动，俟贼近前，突起开炮，刀矛猛进，斩贼近百名"。

再如咸丰四年闰七月十七日（1854年9月9日），罗泽南率部千人作为前锋先行，夜宿长安驿，次日黎明，千余太平军前来扑营，"罗泽南令湘勇偃旗息鼓佯为无备也者，静立以待，诱贼近营，突出抄尾，枪炮刀矛猛进，贼众大溃"。随后在佛岭，太平军分三路来攻，"我军坚阵不动，相持片刻，猝令抬枪队十二人近贼以诱之，贼亦持重不进。十二人者佯败而走，贼党奔追，罗泽南振鼓驰突，呼声震山谷，贼势瓦解反奔。我军中路之兵乘胜拥上山冈，追至卢家桥约七里许"。

又如同年九月初二日（10月23日）半壁山之战，面对数量占优势的太平军，"罗泽南与众将士约曰：贼众我寡，当以坚忍不发胜之"。湘军按此部署果然击败了前来进攻的太平军，乘胜占领了半壁山，为攻取田家镇奠定了基础。

还如咸丰五年三月二十五日（1855年5月10日）进攻广信时，太平军"于营前一时许放枪大呼来冲数次，见我兵不动，又自中止，旋又大呼，相持已久，罗泽南知彼竭而我盈也"，乃三路冲出，最终取得了胜利。

同年七月初五日（1855年8月17日）进攻义宁时，罗部驻营梁口。太平军前来攻营，罗泽南"按之不动，示之以弱"。还"令诸军解甲释兵坐地休息，相持一时，知贼之力已竭，突起乘之，贼溃"。

罗泽南的善于利用地形、"以静制动"的方针是紧密连在一起的，并又常与埋伏、包抄、声东击西等战术相结合，因而效果更大。

如咸丰五年攻占弋阳前，罗泽南首先"相度形势，传询土人"，根据地形进行部署。太平军来攻时，"罗泽南率中营湘勇拒之，坚与相持，如不欲战。俟诸营毕至，往堵北门，然后以中营进攻，直逼桥上"，将太平军击溃。随后太平军又"屡冲突，我军屹然不动，乘其气竭，一呼而进"。终获全胜。

再如进攻崇阳时，太平军在佛岭以下二十里的崇阳、蒲圻交界处的分水坳设卡抵拒。罗泽南、塔齐布率部分别由南北两路分进。咸丰四年八月初二日，罗泽南等行至小沙坪，其地高峰插天，唯羊肠一线可通行人。太平军用礧石滚木塞路，搭棚厂于峭壁之上，设卡扼险抵拒。罗泽南审明形势，作出部署，派彭三元等缘右山而上，李续宾等缘左山而上，攀藤扪石，绕出神桥之下，以抄守军后路。罗泽南、普承尧由中路进攻，直抵太平军营垒，将太平军营卡攻破焚毁。桂口太平军会合神桥溃败的太平军共千余人，乘湘军营垒未成，又分三路来攻。罗泽南等亦分三路埋伏，待太平军至，伏兵突出，太平军惊窜，湘军乘胜追过高山四重，毙太平军千名，生擒九名，初四日黎明，塔齐布、罗泽南合攻崇阳，又探明太平军防御重点在西城，遂采用声东击西的方法，先攻东、北二门，以分其势。挑选精悍之士二百人埋伏北门城根，随后集中兵力，使用劈山炮猛攻西门。很快门被轰破，湘军一拥而入，前埋伏的二百人也从北门城根肉搏而登。四门截杀，杀毙四百余人，生擒丞相金之亨等十一名，立将县城克复。

又如在兴国盐埠头，太平军三千人分三路来攻，"罗泽南等登山审视，扼险排阵，如不欲战者"。当太平军进扑时，罗泽南兵分三路，"四面围抄"，遂大败太平军，"追杀十里之遥，共毙贼三四百名，生擒五十三名"。

还如双城驿之战，太平军分三路来攻，罗泽南与塔齐布"急登高冈，审明形势，亦分三路击之"。罗泽南见太平军占高阜难于仰攻，遂按兵不动，另派奇兵强占制高点，"奋登山尖，贼众反在其下"，从而一举将太平军击溃。随后进攻黄梅时，罗泽南发现太平军已有准备，而与诸将商量说，太平军以逸待劳，以高拒卑，攻之未易得手，"须以前茅仰击，更番迭进，俟其少疲，后劲从而乘之，可立破矣"。湘军按此方案，果然取得了胜利。

　　而在攻占广信时，罗泽南首先控制城西的乌石山，其地孤峰高耸，俯瞰一切，太平军的出入一目了然，莫能隐遁。太平军见湘军筑垒未成，即派大队来攻。罗泽南令湘勇继续自整营盘，仿佛不知太平军已至，相持二时之久。太平军愈逼愈近，各营始整队以出，排列山冈，不速与战，"俟贼屡冲力竭，然后振鼓而前"，从而大胜之。次日湘军方欲攻城，太平军万余人分三路而出，又以数千人偃旗息鼓，埋伏于树林深密之处。罗泽南登高瞭望，探明太平军埋伏所在，即派蒋益澧带湘勇左营隐伏右路的高冈下，刘希洛带平江勇踞右路的平冈，排阵以待，阻遏太平军进逼右路湘勇中、右两营及训字营，严令湘军"勿出营盘，诱贼出前，然后接战"，又派精锐一部约百人分途潜往，截击太平军埋伏的部队。"约俟大旗招展，四处齐应。"三路太平军冲营数次，湘军不动，"相持已久，罗泽南知彼竭而我盈也"，遂督带湘勇中营由中路出，唐训方带训字营从中路之右出，李续宾带湘勇右营从左路出，向太平军进逼。太平军猛烈射击，湘军"仍衔枚无声，如是者又片时，大旗一摇，

103

三营齐进，杀毙长发悍贼千余人。刘希洛、蒋益澧之勇皆从大路绕出，贼之藏伏树林者亦为我伏所袭"。曾国藩称"罗泽南转战千里，审几度势，谋深勇沉，每于未筑营垒之际猝遇贼至，常能从容镇定，以寡胜众，应请旨交部从优议叙"。

攻占义宁之战，也是自始至终利用地形、以少击众、埋伏包抄等战术的范例。咸丰五年七月初八日，得知太平军由梅岭前来，罗泽南遂"登山瞭望"，将太平军阵势、拟抄后路等情况掌握得一清二楚，相应作出部署：李续宾带湘勇后营、候选知县唐训方率训字营三哨从营后绕出山阜，为奇兵而击循山之太平军；训字营二哨埋伏山曲，以备策应；罗泽南亲率湘勇中营、蒋益澧率左营排列营前为正兵，以击沿修水岸而进的太平军。"部署既定，按之不动，示之以弱，相持一时，知贼气已竭，中营始扬旗振鼓，大呼而进"，右营及训字营三哨悄从后山绕出，两路皆大胜。十二日夜驻高山棋盘岭，查清该处有两条入义宁州城之道：一经杭口攻州城之西门摆，此为正道，但倚岸濒水势难并进；一经乾坑度小南岭、鳌岭攻州城之西门坑，此为间道。南岭、鳌岭各高二里许，要从万山中盘旋而入，羊肠小道，人皆视为畏途。罗泽南亲率百人，由土人为向导，登上无太平军驻守的小南岭瞭望形势，认为鳌岭虽高，但其上还可以驻营，如被太平军占据，则杭口一路将被其偷袭横截，湘军据之则能居高临下，俯瞰州城。而且湘军不越南岭而从四都以达棋盘岭，已具备由杭口直捣州西之势，太平军必然注意杭口而忽视鳌岭，则鳌岭可以乘虚而入。根据这一分析，罗泽南派部扼守乾坑隘口阻击太平军，而率主力出其不意一举攻占了鳌岭，遂取得攻城的建瓴之势。等太平军发现前来争夺时，仰攻甚难，罗泽南仍以逸待劳，以静制动，伺机反攻，"严饬不可躁进，必俟各路贼已逼近然后分路迎剿"，分数路迎战、包抄，从而大量毙敌，乘胜夺城。曾国藩称赞罗泽南"专善察看山势，迂道数十里，力争鳌岭要隘，杀贼之多，与去年半壁山相等"。

罗泽南又认识到"我军野战则易于取胜，攻坚则受伤必多"。故竭力以野战歼敌，迫不得已时才进行攻坚战。即使攻坚，也注意以静制动引诱太平军先攻，再后发制人，所以常以较小的代价取胜。可以说，他是一名出色的战术家。

四、回攻武汉

高屋建瓴，战略转移

罗泽南不仅在战术指挥上是良将，在战略运筹上也堪称是一个具有远见卓识，能够驾驭全局的统帅。这也是他运用理学与经世实学而取得的成果。

九江坚城难下，武汉又被太平军攻占，江西腹地处处硝烟，湘军狼奔豕突仍无济于事。在此情况下，罗泽南不仅竭力为困守江西的曾国藩支撑应付，而且积极为其出谋划策，提出了回援武汉、避实击虚的重大战略决策，为湘军彻底扭转被动局面，最终战胜太平军指出了根本出路，从而产生了深远的影响。

罗泽南回援武汉的战略构想酝酿得很早。湘军水师陷入内湖，太平军回攻武汉不久，罗泽南即向曾国藩提出"陆师则江南一军、江北一军，水师则湖口一营、江西一营，相与分击夹攻"的建议。其具体部署是：北路一军由岳州渡江回援武汉，攻下汉口后，由蕲州、黄梅一线进攻安庆，湖南一带水师与之配合。南路力攻九江，以牵制太平军不得救援武汉和席卷整个江西，等内湖水师出湖口后合力攻破九江，再转攻芜湖。南北两军各自为战，相互策应。可见这个计划的关键是回援武汉但不放弃九江。同时罗泽南又跃跃欲试，企图毛遂自荐率军回援武汉："鄙意涤帅宜先于陆路中择老成持重而兼英毅之资可以独当一面者二人，付以事权一，令其带久战之师二三千人，归湖南更招四五千人益之……湖南、四川、陕西饷项任其支拨，以专责任，不济则治其罪。"在《与曾节帅论责成重任书》中，罗泽南虽说自己难担此大任，其实乃谦辞职而已。但曾国藩此时未采纳其建议。为缩短战线集中兵力，曾国藩将驻扎在盉山的罗部调往九江，罗泽南不赞成此举，写了《与曾涤帅论盉山退军利病书》，认为这会导致太平军士气大涨，袭其后路，与九江太平军并力夹击，安庆太平军特别是其水师会上驶，从而使大局更加不利。不过他虽提出了自己的看法，但仍服从指挥，顾全大局，于咸丰四年十二月二十三日（1855 年 2 月 9 日）退回九江攻坚。此后，曾国藩又派罗部前往东线救援饶州府，罗泽南也一如既往，奉令而行。

然而，罗泽南虽在东线，却一刻未忘西援武汉的战略。当湖北太平军攻占义宁后，曾国藩急调罗泽南回援。罗泽南冒盛暑驰抵南昌，不顾中暑患疾未愈，立即筹度战略。江西巡抚陈启迈要罗泽南援救义宁，堵截由鄂返赣的太平军；曾国藩则留罗泽南部进攻湖口，只令李元度率两千人援救义宁。罗泽南力排众议，上书曾国藩，提出了自己独到的战略。

罗泽南提出，如今的问题不在于湖口难收复，而在于它难守卫。所谓"不在湖口之难复"，当然是打肿脸充胖子，但湖口难守却是有其见地。他进而认为，争取战争主动权的关键并不在于攻克湖口，因为太平军上控武汉，下控金陵，湖口处于中间，为其所必争："吾出湖口之后欲攻武汉，则虑小孤山贼船乘于下，欲攻安庆，则虑武汉贼船尾于上。"为守湖口又要分散兵力，因而"非长策也"。所以罗泽南提出，"为今之计，惟以收复武汉为要著，武汉复，则从北路以攻蕲、黄，下小池口，金口之水师相联而下，以断贼之粮道，内湖之水师从而会合之。然后以一军捣江之南，以一军控江之北"，这样，湖口太平军必然难以立足。罗泽南直言不讳地批评曾国藩的战略说："计不出此，徒为争湖口争九江之谋，是不过徒为江西固门户也。"攻克义宁又将为进攻武汉打开通道，这才是救义宁的真正战略意义之所在，罗泽南要求承担这一任务。可见，其眼光比陈启迈、曾国藩皆要深远。曾国藩同意罗泽南先攻义宁，但对他所提的全局战略则未置可否。七月十五日（1855 年 8 月 27 日），罗泽南攻占义宁，实现了其战略计划的第一步。随即他向曾国藩上了洋洋数千言的《与曾节帅论东南战守形势书》，从地理、历史、现实诸方面分析了回援武汉的战略意义。

罗泽南指出，荆州、岳州、武昌、九江是长江中下游的四个要害地区。特别是武昌，处于长江、汉水汇合处，"荆岳诸

107

州倚之为锁钥，而溯汉水而上即能犯湖北之襄郧、陕西之汉中；度南栈可以争剑阁，逾北栈可以据陈仓，秦蜀奥区悉为震动"。这四处地区，从来就是用武之地，"智谋之士所必争焉者也"。罗泽南以历史为例说明自古夺取金陵，必先控制这四块地区："六朝偏安江左，其安危恒系于荆襄；有宋南渡，诸臣日以争江夏、争荆襄为事，故得偷安于临安。元伯颜一入襄阳、下武昌，南宋不能复支，以成建瓴之势故也。"

罗泽南又回顾与太平军作战的过程，说明双方胜败关键也在于控制长江上游这四个要害地区，特别是武汉。当太平军控制这四处后，"长江之险尽为贼有，东南大局几有不可支者"。

接着，罗泽南进一步分析了当前形势，指出，太平军占领了武汉，上游优势已得，"浔城逼近金陵，兼能牵制武昌，故贼深以为忧，必欲从而争之"。因此九江难克亦难守，而湖北的崇阳、兴国（今阳新县）、通城、通山一带的太平军和当地农民起义军势力强大，如不予以肃清，则江西义宁、武宁，湖南平江、临湘、巴陵始终不得安宁。综上分析，罗泽南得出结论："是以欲制九江之命，未有不从武汉而下；解武昌之围，未有不从崇通而入者。为今之计，惟有率南康之水师与围浔城之陆师合力以攻湖口，横踞大江以截贼船之上下，更选劲旅扫通城、通山、崇阳、兴国之贼，悉其种类而歼除之，则江西、湖南两省之边患可以渐纾，然后乘胜以下咸宁、出江夏，与湖南驻泊金口之水师相为联络，以攻鄂渚，复汉口，不惟荆岳可图，即九江残孽亦将不攻而自下。盖贼欲保金陵必得鄂、浔而后无西顾之忧，我师欲复金陵亦必先收鄂、浔而后成建瓴之势。”

罗泽南再次要求承担此责，引军去援武汉：“泽南奉委从戎，力小任重，夙夜祇惧，常自恐其有失。然苟有可以效力之处，虽备极艰险而不辞。倘不遗葑菲，欲俾以剿崇通、援武汉之重任，则愿益以千人以厚其势，予以数月之饷以储其粮，虽自知其不才，亦愿枕戈尝胆以从事其间，以歼此一隅之群丑。”

此时罗泽南在规划中还留有攻湖口的意见，其原因不仅为牵制太平军，也是为迎合曾国藩。当时李元度取得曾国藩同意后引军急攻湖口，以为指日可复，但事与愿违，损兵折将而湖口仍牢牢掌握在太平军手中。于是，曾国藩又檄调罗泽南于七月二十九日（1855 年 9 月 10 日）驰回南康（今江西星子县）。八月初八日（1855 年 9 月 18 日），罗泽南指挥平江勇会合水师再攻湖口下钟山营垒，借以观察形势。湘军在付出重大伤亡后仍一无所获。湘军同时所攻击的另一处梅家洲营垒也是如此。罗泽南在前线看到石钟山上太平军营垒高大坚固，通外江的水卡仍为太平军牢牢控制，从而再次向曾国藩提出：“湖口未易猝复，统筹东南大局，必平崇、通，复武汉，以成建瓴之势，天下事乃可有为。”至此他彻底舍弃了攻湖口的言不由衷的观点，进一步明确攻击重点应在武汉。

罗泽南提出的这一战略思想，具有以下特点：

第一，审时度势，着眼于全局。罗泽南不同意那些单纯的救武汉、救义宁或攻九江的观点，而是始终将这些打算与夺取全局胜利联系起来考虑。从局部看，江西与湖北同样吃紧，离开江西远征湖北，会给江西造成更大压力。但从全局着眼，则必须暂时舍江西而就湖北。同样，从全局着眼，江西又必须留兵牵制。罗泽南并非掌管全局的统帅，但能审时度势，正确筹划全局，这正是他与其他湘军将领的最大区别之一。

第二，抓关键。战争全局是由各个局部构成的。但这些局部并非处于同等地位，其中必有若干对全局起决定作用的关键所在。只有牢牢掌握住这些关键，才能提挈全局。罗泽南认识到争夺武汉是全局的关键，而占据崇、通又是攻占武汉的关键，控制义宁则为入崇、通的第一步。环环相扣，步步深入，使一个个关键性的局部有机地构成了一个整体。这恰如毛泽东所提出的，是"抓住战略枢纽部署战役，抓住战役枢纽部署战斗"。

第三，争主动权。争全局，争关键，归根结底是为了争夺战争主动权。罗泽南对此认识明确，提出："国手下棋必争先著，形势所在，固有不待龟蓍而后决者。"罗泽南之所以坚持回攻武汉，就是要取高屋建瓴之势，避免在九江与太平军作无意义的相持，以争取主动。特别是在湘军处于全局被动的形势下，这一反客为主、败中求胜的举措意义更大。罗泽南对争主动权的明确认识，反映了他在战略方面的造诣。

对罗泽南的这一战略擘画，曾国藩虽因切身利益而深为不满，当时就曾抱怨，原欲罗泽南在攻湖口时"静心细看"，但罗泽南"不细心看明，草草了事"。还认为"湖口克复有益大局，人谁不知?"但罗泽南去意已决，且事前已与在武汉前线的胡林翼作了沟通，胡林翼不仅完全明了罗泽南的战略意图，且也作了调罗泽南前来的奏请。在此情况下曾国藩只能同意，于八月二十一日奏报罗泽南率部已于八月十六日"自南康起程，由义宁进捣崇、通一带，西上武昌矣"。并转述了罗泽南的战略规划。而随着战局的开展，曾国藩又不得不承认罗泽南此举是正确和高明的。多年后他回忆说："咸丰五年余率水陆驻扎南康，志在攻破湖口一关。五、六两年，竟不能攻破。七年，余丁忧回籍，寸心以此为大憾事。罗罗山五年八月至南康、湖口一看，知其不足以图功，即决然舍我而去，另剿湖北。其时有识者皆佩服罗山用兵能识时务，能取远势。余虽私怨罗山之弃余而他往，而亦未尝不服其行军有伸有缩，有开有合也。"

能识时务，能取远势，有伸有缩，有开有合，有力地说明罗泽南不仅懂得一般用兵之道，更能以辩证法指导作战。如前所述，他早就强调要掌握规律，"顺乎消息盈虚之道行去"，要"因时制宜，当刚而刚，当柔而柔，当进而进，当退而退"，回救武汉统筹全局的战略，正是实践这种思想的范例。

回雁兼程溯旧踪

罗泽南随即开始向武汉进军，其路线与一年多前攻武汉时多有重复，太平军再次采取消极防御、分地死守的方针，所以很多时候他的作战也是重抄旧稿，依样葫芦，而仍然势不可当。

第一步先进通城、崇宁，打开通往武汉的门户。

咸丰五年八月二十七八日，罗泽南率部次第由杭口拔营，九月初五日驻通城之东南、西南山上。在通城的太平军，由原

111

四五千人增至万余人，于城西门外山上筑大木城二座，层布炮眼，深掘重壕，壕外竹签、木桩纵横密钉，凭此抗拒。罗泽南按老规矩，驻营后即带数百人沿城审视形势，又登西南瞭望。太平军发现后出动大队袭击，但迅被罗部击退。初六日晨，罗泽南指挥平江勇分三路攻入城外太平军营垒，纵火将其烧毁。见其余的太平军还据城坚守，"以巨石拒"，罗泽南遂令各营在北门外的树林中埋伏，俟太平军大队奔出，进行四面包抄截杀。"有未出者，我军又退，俟其再出而再杀之。如是者六七战，城中贼尽，追至十余里外，鲜得脱者。"前后斩杀太平军约三千人，克复了通城。

旗开得胜，罗泽南"乘屡胜之锐气，不暇休养，于九月初十日遂由通城直捣桂口"。九月十一日分三路进攻，太平军慑于湘军之势，大半向崇阳宵遁。罗泽南率部追击，又击毙太平军百余名，生擒十余名，夺取了桂口要隘，随后留平江绅士何忠骏、李原浚、黄崇策、方城带平江四营驻守此地，又调湘南委员刘腾鸿带湘勇五百以加强兵力。部署一定，随即节次向前推进。

九月十三日，罗泽南率部自桂口拔营，向崇阳进发。从桂口败退的太平军紧急布防，在崇阳城南紧靠江边的山巅扎大营二座，砌垒高二丈，垒外又遍设障碍，以木桩竹签层布围绕，并截断大路，以阻遏湘军。又架设浮桥，密约通山的太平军数千人入城助战。针对这种情况，罗泽南召集各营官会议作出相应部署。十四日黎明，李续宾、刘蓉、蒋益澧三路相互配合从河东急进，以截断太平军入通山之路。罗泽南、李杏春、彭三元三部沿河西岸而进。普承尧、唐训方作为后队以防太平军袭尾。罗泽南率部绕道出城之西北，逼近太平军营半里许驻扎，太平军认为湘军方至，营垒未修，遂以六千人自垒中分两路出击，一路由山脊直接攻营，一路由城西迂道以抄后。罗泽南传令，太平军不逼近营盘不可与之战，以数十人摇旗上前，佯败数次，诱使太平军冲至营旁，即亲自率勇从山脊冲下，彭三元则率部从左路堵截，两路太平军大败，回旗狂奔。李杏春此时率勇由江边而下，包围住太平军营垒，截断其归路，使其不能复入营垒。唐训方、普承尧亦由后路率勇疾进，相与追杀。太平军绕城西北，拟由东门渡江以退，李续宾、刘蓉、蒋益澧突由东岸山内杀出，两岸约共杀毙太平军六七百名。其余太平军乃入城闭门自守。罗泽南因湘军远行尚未午餐，传令收队。但太平军又以千余人出城，掘修垒外壕沟，加钉木桩。罗泽南判断太平军佯为修垒，以示坚守，其实已无守意，将要撤退，即密令东西两岸派两千人，分作数十队，于黄昏后在两岸要隘处埋伏，又挑选精锐数百人，于二更时攻入垒中，两岸埋伏的湘勇见垒中火起各击鼓吹角，施放枪炮，喊声震天，城中的太平军顿时大乱，遂开北门逃跑，结果被践毙于城瓮者以数百计，跳城堕死者无数。逃出城者又为各路湘勇截杀千余人，尸横遍野。湘军遂乘胜入城，烧毁太平军在城上所搭瞭望楼台，俘虏一百二十余人，"即时正法，夺获器械、旗帜无数"。

此时，湖南湘军江忠济部在羊楼司战败，退至岳州。罗泽南在崇阳闻讯，担心太平军会乘胜进攻岳州，直犯长沙，即于九月十七日派李续宾、刘蓉、蒋益澧、唐训方、普承尧等分率各部前往增援，于十九日驻羊楼峒，以防西路上攻的太平军。罗泽南与彭三元、李杏春等暂驻崇阳，拟即两路合攻蒲圻。此时崇阳绅士告知罗泽南，太平军总制杨万年率败兵七八百人占据梯木山，骚扰壕头堡，担心湘军去后会被其复占崇阳，请求予以剿灭。罗泽南认为壕头堡离县城四十里，太平军仅八百人，可以一举殄灭，免贻后患，遂于二十二日派彭三元、李杏春前往围剿。

然而军情发生了变化：石达开统兵二三万人由天京舟行至武昌登岸，取道金牛，二十四日夜宿营咸宁。二十五日，正与彭三元、李杏春遭遇。彭、李猝不及防，双双战死，所部大量被歼。罗泽南闻讯即亲自率部前往营救，"距营十里见诸勇溃归，已无及矣。因督队排列山岗，贼不敢穷追"。随后，罗泽南考虑湘军分扎崇阳、羊楼两地，兵力分散，新败之后不如仍合为一，以固军心，遂于是夜五鼓拔营，午刻抵羊楼峒，与李续宾、刘蓉等并为一营。刚抵达，方下令传餐，突报蒲圻太平军国宗韦俊部大队来攻。罗泽南与李续宾登山观察，发现太平军屯聚峰头，分为二大支。一支薄山而下，逾田垄又分三支，直逼湘营，这是正兵。一支卷旗息鼓，埋匿七里冲各山内，乃是奇兵，企图引诱湘军在抵御其正兵时，即以这支奇兵从后袭击湘军营盘。罗泽南认为自崇阳而来的湘军，久战之后，疲于远行，令其修整待命，而由驻羊楼峒部分路迎击。但壕头堡新败的湘勇报仇心切，争相出击，罗泽南见状允许之，令其策应各路。进攻唐训方的太平军见湘军人少，锐意直前，"我兵不动，诱贼渐逼营前以抬枪击之，继以短兵鏖战逾时，贼不能支"。此时伏兵齐出，太平军两路皆败，各路共杀毙太平军九百余名，多为太平军老战士。

羊楼峒之战获胜之后，罗泽南进行整军，将阵亡的彭三元、李杏春原统之军由自己和普承尧、李续宾、唐训方统带。又调集湖南刘腾鸿的湘勇五百人，以增加兵力，拟俟休养十日，攻打蒲圻。但太平军韦俊和石达开部二万余人，于十月初三日自蒲圻分途来攻。东路万余人从枫树岭、雷家桥沿七里冲到羊楼峒北，"渐次前进，每进数十丈辄止。我兵不动则又进，进则相与大呼，声震山谷，如是者历二时"。另一部四五千人，由千嶂岭、张鼓岭而来，列阵于营北。还有一部约二三千人，由港口驿循中港而至，列阵于叶家山，以牵制湘军西面诸营不得并力进攻。韦俊在山巅亲自督阵。罗泽南驻营山上，"审视瞭如，示各营以策应之略，饬令贼不逼营，毋遽出战"。当太平军东路部队逼近时，又忽分三路进行包抄，罗泽南也分三路迎战并反包围，将其一举击溃。随后，罗泽南又集中兵力猛攻太平军营北一路，也予以击败。叶家山一路太平军见状犹豫不决，进退失据，又被普承尧部偷袭，于是太平军全线溃败。是役共杀毙太平军两千余人，生擒一百一十余名。

十三日胡林翼由嘉鱼至羊楼峒与罗泽南会商下一步战略。他们一致认为，太平军集结于崇阳、通山，故意作进攻湖南姿态，是为了牵制湘军，使之不得遽攻下游，直捣武汉。如湘军久驻羊楼峒以堵其入湖南，则会中太平军之计，迁延时日，导致师老气衰。如在崇、通一带与太平军纠缠，则会出现湘军进，太平军退遁，湘军退，太平军又出的状况，"多方误我，往返皆疲"。有鉴于此，胡、罗作出了"莫如并力急攻，直下蒲圻，攻其所必救也"的决策。这一决策与罗泽南原持观点完全一致，当然是正确的。

十月十七日，罗泽南所统的湘军七营与胡林翼的楚军四营遂由羊楼峒拔营前进，并约杨载福派水师进扎新滩口、牌洲，配合陆军相机攻击蒲圻。太平军也十分重视蒲圻的战略地位，将防军进行了整合：韦俊在战败后集中溃部万余人，石达开派四千人增援，并集合崇、通当地民众起义武装，使整个兵力共达三万人。一如既往，加紧构筑防御工事：于凤凰山五岳观之巅筑大营二座，于南门外筑大营二座，丰乐门外筑大营一座。各营之间设立石卡以扼入城之通道。在河北岸筑木城四座，以通咸宁。江夏的太平军搭造浮桥以策应，企图以此阻遏湘军的攻击。

罗泽南见地势险要难以逾越，强攻伤亡必重，而在十九日采用署蒲圻县知县孙守信及蒲圻县贺姓举人的建议：由间道出公安畈，进驻铁山。铁山高二里，绵亘数里，与丰乐门之鸡冠山相峙，其东南为凤凰山，西北河边宝塔一带，诸山形势雄险，踞蒲圻西北隅，湘军控制这一制高点，则太平军所建营垒即失去其大部分价值。罗泽南、胡林翼以五营驻铁山脊俯瞰城中，四营驻山西北，三营驻山东南，以便分路进攻。为避免攻坚伤亡，湘军仍采用野战战术以制胜。二十日，罗泽南派遣数百人直逼太平军营垒前搦战，"贼出则反旗而走，贼退又往，如是者历一日，贼不敢远追"。经过一天的这种前哨战，第二天早晨，湘军按捺不住，开始进攻。罗泽南、刘蓉率部从山右田垄而下，攻南门外太平军营垒。李续宾部从鸡冠山脊而下，攻丰乐门太平军营垒。蒋益澧、唐训方率部从田垄之右林木中绕攻五岳观太平军营垒。胡林翼各部则担任阻击和攻城的任务。胡林翼部企图肉搏登城，"如是者三四次，为贼之滚木乱石所阻，终莫能上"。但阻止了城内太平军对城外营垒的援助，便利于罗泽南各部的攻击。而垒中多为太平军老战士，其营垒皆立于山巅，险峻异常，工事坚固。湘军仰攻，极为艰巨，李续宾连攻六七次，"皆坚不可夺"，"为贼之火球大炮所阻，终莫能入"。湘军转而攻丰乐门、南门二垒之间的石卡，"血战二时，旋而退，亦旋而进，如是者七八次，为地势所阻，又莫能入"。罗泽南下令停攻修整，与李续宾、刘蓉、蒋益澧等会商后，向各营鼓动说，"今日不破此垒，贼势必张，将坚守以老我师如九江故事。蒲圻不下，武汉必不能攻，须力战胜之而后已"，从而激起了湘军士兵的凶悍之气，"皆流涕誓不破此垒不归"。在各将领的带领下，湘军不顾伤亡，疯狂进攻，竟然迅速将城外所有营垒全部攻下，太平军负垒抵抗不出的被烧死两千余人。其溃逃至城下而不得入者多为湘勇所杀，又以千计，其中"首戴金龙伪冠贼目十余名，冠上多书总制、指挥字样"。其余涉河而逃溺死者无算，"霎时之间，重卡顿破，五营俱踏，所未下者仅一城耳"。黄昏后，罗泽南又利用太平军新败士气低落、惊疑不定的状态，在城外四面广布疑兵，不停地放枪吹号，进行骚扰。太平军见状更加慌乱，在西城者则传湘军已入东门，在南城者则传湘军已破北门，从而纷纷大乱，各自奔逃。湘军悍卒则直逼城下，登梯而上，施放火球、火箭。太平军尽从北门而出，争先拥挤，被践踏于门窦、堕溺于河中、黑夜自相戕杀者又数以千计。北门为太平军粮库和衙署所在地，积有大量军资，太平军急不能搬运转移，遂自行纵火焚烧。城中未出的太平军见城门火起更加慌乱，纷纷缒城而下，为城上滚木所压及跌死于竹签、木刺者无数。湘勇相继入城搜杀，又杀毙太平军老战士五六百名。二十二日黎明，罗泽南又率部渡河，将北岸太平军营垒四座尽行焚烧。"迹贼所遁之路，数里外犹血流满道。两日一夜约杀毙、焚毙、溺毙五千余人，生擒一百七十余名，夺获马四十余匹，大小旗帜三百余面，伪服伪冠军装粮食无数"。蒲圻再次被湘军占领。胡林翼奏称罗泽南"营中将士勇敢朴诚，有古烈士风。察其所用之材，则皆罗泽南所教弟子及其祖、若父之门生也。军中得阅该员家书，罗泽南之父罗嘉旦年八十岁，李续宾之父李登胜年七十岁，勖以忠勇报国，不得私念亲老，眷恋庭闱，词意严正，大义可风。是该员等之忠义奋发，实皆禀承家训。"请求给罗泽南祖父母、父母二品封典，李续宾加盐运使衔，给其父母三品封典。咸丰帝迅速批准了这一请求。

克复蒲圻后，罗泽南、胡林翼各部向咸宁进发，十一月初十日，罗部抵达距咸宁三十里之天险汀泗桥，胡部驻咸宁城西一里之柏家山。太平军已抢先占据了咸宁。胡部攻击无果，罗泽南闻讯即率部急行军，于十一日黎明进达咸宁城西桥前山驻营。当时大雾弥漫，湘军悄行无声，太平军毫无觉察，等日出雾收，突见城外立起多座营垒，顿时一片惊慌，遂纵火焚烧桥亭，以断湘军进攻之路。湘军、楚军随即攻城，太平军弃城逃奔，咸宁又被罗部攻占。

罗泽南得知咸宁撤退的太平军和武昌的太平军八九千人又在江夏县山坡驿布防，决心乘其营垒未成，于十四日迅速发起进攻，首先在四姑脑处大破阻击的太平军，继而将已成、未成之太平军营垒全部攻毁。各路共杀毙太平军千余人，内有副将军一名，指挥二名，生擒六十余名，夺获大小黄旗八十余面，鸟枪、抬枪七十余件，军器无算。据太平军俘虏供称：国宗杨姓"系首逆杨秀清之死党。十月初三日羊楼峒之战身受枪伤，死于咸宁。二十一日蒲圻之战，伪国宗韦逆败回武昌，急调各路之贼誓相死守。因我兵未遽下攻，以韦逆守省城，洪逆上据咸宁。咸宁败，洪逆退守山坡，不意复败等语"。十七日，罗泽南率军进驻纸坊。与此相应，十一月十二日，湘军外江水师克复金口，十五日进屯沌口。湘军再次兵临武昌城下。胡林翼、杨载福、罗泽南在金口会商，密期同日并举，齐攻武汉。此时距罗泽南八月底出师回攻，尚不到三个月时间，可谓进展迅速。

随后，罗泽南、胡林翼开始进攻武汉。

太平军此时在武昌设防之严密，更非他处可比：在武胜门外下坛角一带筑大垒二座；在鲇鱼套口、白沙洲一带筑大垒二座，以护江面太平军水师，阻遏湘军水师的进攻；在望山门外八步街口筑大垒二座，防清军西路金口之师；在中和门外十字街口筑大垒一座，防湘、楚军中路李家桥、板桥之师；在小东门外修炮台一座，炮子可直击洪山，在其东南附城坡上则筑有大石垒，高与城等，与十字街口的大垒相对，以阻湘军东路洪山之师。又筑二小垒，联络于二大垒之间，使中、东二路不能相通。整个工事"炮眼密布，重沟深凿，竹签木桩纵横杂错。城上遍设望楼，积滚木巨石于其上，所以为守省城计者至严且密矣"。江面上，太平军的水师船只排列两岸，武昌、汉阳两镇无论何处有警，则南、北两岸的太平军即渡江相互增援。太平军仍采取阵地防御的方针。而罗泽南为急于图功和面对太平军的严密部署，也基本放弃了原先的野战战术。所以，整个武昌战役，是湘军和太平军之间的一场硬碰硬的攻防战，残酷的拉锯战。从指挥来看，双方皆竭尽全力，但罗泽南、胡林翼显然是技高一筹。

十一月二十六日（1856 年 1 月 3 日），罗泽南率湘勇中、左、右三营及楚军阳营、彪营由纸坊拔营，从东路出武昌之东，前往洪山方向。胡林翼率仁、凤、南、恭四营暨宝营、训营从中路出武昌之南，由李家桥、板桥驻营保安门外五里墩。其西路则由湖南九溪兵六百名驻金口，并由湖广总督官文派兵协助，以牵制太平军，三路互成掎角，协同攻击。二十七日，罗泽南移营鲁家巷，即偕李续宾登洪山，审商安营之地与进兵之方。

经过仔细观察，罗泽南认为必须"南北并击、水陆夹攻始能为力，非偏师所能制胜也"。二十八日晨，罗泽南率诸营进扎洪山南冈修筑营盘，其地可俯瞰城中，聚扎蛇山的太平军只进行观望，不敢出击，罗泽南也不主动出击，一心修建营盘。胡林翼则由纸坊拔营进驻李家桥。

俟一切准备就绪，二十八日，胡林翼派队至武昌城南，察视地势，逼近十字街口，太平军即出队二万余人阻截，双方发生遭遇战。罗泽南、李续宾在洪山巅发现后，即派蒋益澧驻守老营，防坛角的太平军由洪山北麓前来袭击，又分右营二哨据洪山之脊，牵制东门外炮台太平军，罗泽南、李续宾则率部从中路进，刘腾鸿率部出右路进，陈玉辉率部出左路进，"皆息鼓卷旗，衔枚疾走"。至赛湖堤边分为二支：一支由堤上直攻附城大垒；一支绕二小垒，由堤下逾沟越溪，经湖中干涸处从背后进攻十字街口之垒。普承尧、唐训方等见罗泽南部已至，即佯装败退。太平军不知背后遭袭而进行追击，待普承尧等回兵冲杀时，罗泽南等已抄出垒北，开始纵火焚烧堡垒。追击的太平军则无路可归，被大批歼灭，残余部分皆由十字街以遁。附城大垒的太平军见湘军分支由赛湖堤上进攻，即联合二小垒的守军抵御，被湘军用抬枪击败归垒。湘军尾随而至，一部分太平军缒城而上，而不及缒者全为湘军所杀，胡部六营之勇追杀太平军至十字街，罗泽南又予以截杀，乘胜追至望山门外鲇鱼套口而止。等坛角、汉阳的太平军前来增援时，胜败已定。此战湘军"两路连破四垒，杀毙、焚毙约三千人，生擒九十余人，夺马三十余匹，杀马百余匹，大小黄旗一百二十余面，军装无数"。湘军仅阵亡六人，负伤数十人。可谓旗开得胜。

初战的胜利，使湘军士气大振。但罗泽南清醒地认识到应一鼓作气，"利在速战，亦大局宜然"。于是一方面又派出两部，一扼武昌下三十里之青山，一扼汉阳下三十里之沙口，而以炮船之半驻于武汉下游，以断绝武昌太平军粮食、军火接济，企图使之产生内讧，溃围时予以歼灭。同时加紧直接攻城的各项准备。

面对湘军巨大压力，太平军进一步加强防御，从兴国增调一万多人，准备与湘军长期抗衡，以挫湘军士气。又连日加强西路望山门外八步街口所筑二垒，阻遏清军运输粮食、军装之路；加强北路武胜门外坛角二垒，捍卫太平军通兴国、大冶之路，这两处堡垒成了罗泽南等人的眼中钉，必欲除之而后快。十二月初二日，罗泽南、李续宾、胡林翼于鲇鱼套内搭造浮桥，率众直攻八步街口的二垒，并以奇兵袭垒之后。此垒高大坚固，上年春夏间，胡林翼付出了惨重代价而屡攻不下，此次竟被罗部一举攻克之。

十二月初六日，湘军开始攻城，胡林翼由中路攻城之西北；罗泽南、李续宾攻城之东南；并以中营攻建于蛇山之脊的大东门炮台。湘军以云梯登上炮台，点燃了台中火药，炸死数百名太平军，随后企图乘乱登城，但被城上太平军所拒，未能得逞，且伤亡惨重。罗泽南遂停攻以待。太平军反冲击，出动三四千人从坛角经沙湖之尾袭击湘军，罗泽南则令小龟山的湘勇诱战将太平军引过湖，派双凤山之勇从后抄袭，将太平军击退归坛角。

沙湖战败，太平军判断湘军必攻坛角，遂于沙湖干涸处掘挖深沟，引通湖水至城根，以阻进攻之路，但已无效用。初十日，李续宾往攻坛角，罗泽南、胡林翼派部在洪山策应。湘军冲入堡垒，纵火焚烧，引爆垒中火药，顿时烈焰冲霄，守垒太平军死亡殆尽。湘勇又乘胜攻破汉阳门外之垒，并将太平军所

122

设船厂一并焚毁，太平军伤亡达千人。城上太平军见湘军攻垒而沙湖空虚，遂由城洞潜出进行截击。李续宾被迫退回小龟山。罗泽南见状即从洪山驰下，由小东门城根截出，李续宾复从小龟山杀下。双方进行拉锯混战，"我进而贼遂退，我住而贼又来，如是者六七次"，胡林翼部也赶来增援，太平军被迫退回城中。

十一日黎明，李续宾、刘腾鸿率部再次进据小龟山。太平军绕山从背后袭击湘军。罗泽南见此，派蒋益澧率左营由小龟山东北进，彪营由双凤山进，自率中营掩旗疾趋，并以二哨伏山之西，二哨伏山之东。李续宾等见各路已至，即率部冲下，将兵力分为三队，循环搦战。太平军又分大队由城根出石山之右，来袭击湘军之后，罗泽南之伏兵和胡林翼所部即从四面发动攻击，并向城根横截，太平军再发动反冲击，混战结果，各自退兵。太平军又乘夜在望山门外修筑石垒二重，左接城根，右接鲇鱼套港，炮眼密布，以断湘军进攻之路。十八日，罗泽南、胡林翼督饬唐训方等将其攻破。

太平军见前垒被破，遂加修次垒，此垒高与城等，城上可以用大炮直接予以掩护。同时进一步整修加固白沙洲之垒与坛角之沟，使之更加高深。二十日，湘军分三路进攻。胡部攻破土垒二座，但未能攻克石垒。李续宾、蒋益澧部由中路攻望山门外之垒，普承尧、唐训方率部策应，也未能攻克。罗泽南由东路率中营攻大东门，天未黎明，湘军即开始登城，但被太平军觉察，进行了猛烈的反击，湘军付出极大伤亡终莫能入。城中太平军又由坛角经沙湖之尾以抄湘军之后，罗泽南早有防备也未能奏效。

罗泽南胡林翼又探知太平军每日由青山一带运送粮米、火药入城，遂于二十三日派李续宾率右营出窑湾一带截击，双方同样混战一场，各有死伤。"计自十二月初二日至二十三日，城之东路、南路、东北路、西南路贼垒均已荡平，而江岸西北一隅之贼垒未破。臣营及罗泽南各营登城破垒被炮中伤者已逾千数百人，士卒奋勇，无一队退却者。"而武昌城仍巍然屹立。罗泽南、胡林翼速战破城的计划终告破灭。

十二月二十七日，太平军又在城外掘挖濠涧，树立木栅，以加强防御。罗泽南驻营洪山之南，因北路为山所隔，担心太平军乘其不意以袭营，遂于咸丰六年正月十二日，移三营驻洪山最高处，这样距城更近，可以俯瞰城中。又以中营驻洪山之首，后营驻南冈，左营驻洪山后岭，仁营驻洪山中顶，三部相与联络，前后共成掎角之势。在南冈亦皆派部控制，以防后路被抄袭。这一部署，对太平军构成了极大威胁。为解除这一威胁，太平军发动了一次次的进攻。

罗泽南估计太平军将乘夜袭营，也作了种种准备。十三日夜，李续宾率右营将及双凤山下时，太平军千余人已出城先据其巅，双方于黑暗中进行搏击，罗泽南、刘腾鸿出动接应，混战至夜半才各自收队。

十四日黎明，天降大雾。刘腾鸿率后营登双凤山顶，以劈山炮轰击大东门。太平军顽强反击，雾散后，太平军千余人缒城而下，又于小东门出千余人来抄湘军之后。罗泽南急忙率部迎战，并派队对太平军伏兵反包围，将太平军击退，杀毙多名。

十八日，太平军百余人突抵湘军中路五里墩搦战，罗泽南看出这是诱敌，按兵不动，再伺机击溃之。

二十四日，大雪初霁，四更后太平军千余人来扑中营，前队多着白衣，与积雪同色，望之不辨，以此为掩护，突抵营前。但罗泽南早有防备，开炮拦击，杀伤甚多，再次将太平军击退，保住了营盘。

二十五日黎明，太平军又以大队来扑中营。罗泽南先派部悄然前去包抄，再开营迎击，太平军发现后即迅速撤退。

湘军屡屡遭袭，十分恼怒，乃于二十六日凌晨，出营在太平军来路进行埋伏。五鼓，太平军千余人又悄然前来袭击中营，埋伏的湘军等其过后即从背后掩击，中营又正面迎击，前后夹击共杀毙太平军二百余人，"内毙伪总制林姓者一名，旅帅之成姓、刘姓者二人，生擒旅帅李姓者一名，皆身怀伪印。夺其旗帜，有总制旅帅某姓等字样。又生擒二十余名"。

二十八日，太平军以十余旗由东门而下，以十余旗出小龟山之尾，另有一部渡赛湖进行包抄。罗泽南分路迎击，鏖战三时，太平军想引诱湘军至城下，以便用城上大炮予以杀伤。罗泽南未上当，而是先令中、后二营收队，蒋益澧率右营进驻小龟山接应胡林翼部仁营。讵料太平军见湘军后撤且人数不多，忽于坛角出动了千余人，从堤上牵制左营，随即又从小东门、大东门缒城而下千余人直扑仁营。罗泽南分三路应战，奋力抵御，不少退却，又牢牢控制着小龟山巅，据险以待，同时又分二哨绕小龟山而下，对这股太平军进行截击，终将太平军击败。

二月初一日，太平军一部决赛湖之堤，以阻遏湘军攻城。罗泽南得讯，即派刘腾鸿率后营将这批太平军大部歼灭，保住了湖堤。随后，太平军又出动三四千人由八步街对岸截击湘军中部，被唐训方等击退。初二日，胡林翼部与罗泽南部各出数百人诱战，太平军亦以千余人缒城而下迎击，混战一场，各有杀伤。

二月初三日，太平军再次以数百人掘开了赛湖之堤，引水积潦，使湘军不能到达城根，同时坚闭城门不出。此时，一批火炮由荆州运至，罗泽南、胡林翼即进行部署，将二门设置在双凤山巅，二门设置在沙湖尾紫金山巅，居高临下，开始对城日夜轰击，但火炮性能不强，仅毁坏城楼和女墙数处。

初九日，湘军再次攻城，向鹰嘴阁、大东门、南门、望山门、中和门、鲇鱼套、小东门、紫金山、沙湖、坛角等处发起全线进攻，又派川兵、川勇守护八步街等处，牵制太平军不能集中兵力，以分其势。此战带有孤注一掷的意味，因而完全是一副拼命蛮干的架势：胡林翼与罗泽南令各营制作长梯数百架，并令士兵每人挟土囊、负沙袋、束稻草，以填城下之沟，兼以压覆城根之木桩竹签，又下令扛大炮于山巅，以轰击城上的太平军，甚至不惜采用下三烂的打法：准备了扬尘车用以扬土迷太平军士兵之目。此日黎明，湘军齐集城下，先以刀斧手斫倒壕边之木栅二重，继以土囊、稻草填塞城壕，但前锋刚进到城下，即被太平军发觉，"守城之贼皆起，掷火球、下乱石、坠滚木，抬枪、鸟枪纷纷施放，其炮台之大炮皆以大子群子连环开放"。逼近城根的湘军士兵伤亡惨重，但也悍然不顾继续拼命攻击，"毫无退志，前队已伤，后队又缘梯而上，彼勇阵亡，此勇又逾沟而前，抬枪队皆挺身沟外以轰击"。太平军同样"亦不以伤亡而稍怯。相持一时，仰攻之难不如城上俯御之易，终莫能登"。

这一波攻击的结果是，湘军死伤累累，胡林翼也受轻伤，刘腾鸿衣履头巾也被弹药洞穿十多处。罗泽南、胡林翼乃令湘勇暂退伏于城下坡垄，拟等太平军弹药消耗尽后再攻。此时城上三门火炮忽然自爆，炸死、炸伤太平军甚多。罗泽南、胡林翼遂挥令湘军乘机再次登梯急攻，危急中，太平军急以木桶盛火药向下抛掷，炮石更密于前，湘军终不能上，于申刻收队。

此次强攻，毙太平军四五百名，包括总制、丞相、军师、国宗等将领。而湘军受炮伤及中炮阵亡者亦已六百名。罗泽南、胡林翼因伤亡太重，遂暂停攻城。随后数日，太平军每日出动数百名，或由大东门缒城而下，或绕沙湖而出，摇旗搦战。"我兵不出则距踊而前，我兵甫出则卷旗而走。诸勇或分路围抄，或暗伏掩击，每日毙贼或十余名或数十名，终无益于攻剿之大计"，反而被骚扰得更加焦躁不安。罗泽南、胡林翼又开始清醒，看到下游青山、窑湾一带太平军陆路接济军火粮秣的通道仍然畅通无阻，"迟回审顾一月有余，终以分兵扼下游为胜算"，决定分数千人驻扎其地，准备重新采取截太平军粮道的办法来制胜。

二月十七日，罗泽南、李续宾率湘勇各二哨前往窑湾审视营基。窑湾距青山十五里，距洪山十二里，距城约十里，南距

127

塘角十五里，在沙湖之尾，湖水由港中流出，上建石坝一座以通江堤，可扼下游之险要。湘勇越过石坝，横列堤上后，罗泽南、李续宾又带亲兵数十人沿江而上观察太平军船队。这时，太平军三四万人由武胜门而出，前后排列六七里，其前队八九千人直逼阵前。"罗泽南以我寡而贼众，堤壖宽阔，必据险而后可战，乃饬勇排阵徐徐而退。退数十丈，又顿旗搦战，如是者四五次，乃渡坝排阵于港之左。"太平军紧追不舍，排列于港之右。罗泽南、李续宾身先士卒迎战，而密令枪炮手百余人伏港内低处，各队刀矛旗帜皆佯作逃奔状。太平军果然奋追，但刚至石坝，湘军伏兵枪炮齐发。太平军队形密集，猝不及防，被大批杀伤，何绍彩又率勇前来增援，与罗泽南、李续宾合追六七里，太平军"枪伤者不能行，皆为我兵所杀，约四百人，尸横堤滨，日暮乃收队"。太平军大队出武胜门时，先以千余人驻紫金山，千余人驻双凤山，以防湘军从堤后抄袭。罗泽南早有防备，已派蒋益澧、刘腾鸿率营驻小龟山，以抵御紫金山的太平军。罗嘉亮、刘典、叶永泰、秦国胜率部以抵御双凤山的太平军。此时，另一部太平军乘罗泽南部在窑湾不能遽归的机会，而由武胜门城根集于山下，"黄旗蔽湖，喊声震谷，直扑小龟山而上，势极凶悍"。蒋益澧等顽强抵抗，太平军连冲四五次皆未奏效，见小龟山难攻越，乃改由紫金山之南横出小东门，与大东门的太平军会合，奋跃而攻，但又为湘勇中营及彪营所阻。自黄昏战至二更后，湘军以两千余人成功抵御了太平军数万人的连续进攻，不久罗泽南部从窑湾归来，即前往助阵，湘军声势益壮，太平军退入城中，遗尸累累。

二十三日，太平军数百人又出小龟山进攻湘营，大东门亦出太平军百余旗接应。罗泽南遂令中营出四哨分别抵御，很快占据了小龟山；而另一部太平军两万多人由坛角出动，排列沙湖沟之北，前锋精锐数百人则登紫金山，旋循沙湖之堤以枪炮向湘军轰击。罗泽南见太平军人数众多，乃以一部牵制太平军的大部队，集中兵力围歼太平军的孤立偏师，不惜亲自上阵，双方又混战至日暮收队。

至此，罗泽南、胡林翼"水陆自冬至春齐力攻坚，八十余日中几于无日不战，然坚城未复，战士之中炮伤者已逾二千余名，勇气不衰，士怒未已"，他们认为这不是"贼强兵弱，盖攻守之异宜"，特别是下游一路，湘军水陆兵力皆空虚，未能控制要害。经反复研究，再次确认"陆师自以分兵下游断贼粮路为要着"。于是紧急调整部署，在二月二十五日，加派李续宾、刘腾鸿率三千人移驻下游窑湾，以扼其吭。罗泽南仍驻洪山，调中路唐训方八百人以增强之。胡林翼当中路长虹桥一面，拟重整旗鼓，再大战一场。

咬定青山不放松

但是，此时又发生了曾国藩及江西巡抚文俊等奏调罗泽南一军回援之事。

原来，石达开自咸丰五年九月（1855 年 11 月）在崇阳重创湘军后，改变了原订的进攻湖南的计划，于十月十五日（1855 年 11 月 24 日）率领一万余人转攻江西，连占吉安、抚州、瑞州、袁州、建昌、临江、袁州等七府四十七县，加上已占有的九江府，共八府五十县，各路清军连遭惨败。特别是咸丰六年二月十六日至十八日（1856 年 3 月 22～24 日）太平军攻破重镇樟树，歼清军一千余人。清军悍将周凤山率残部遁回南昌，引起了官场和民间极大的震动。

曾国藩虽从大局出发，当时最终同意和支持罗泽南回援武汉，但在清军兵败如山倒的情况下，此时彻底抛弃一贯标榜的临事有静气、行止顾大局的矜持，再也沉不住气，开始与江西巡抚文俊等人接二连三奏调罗泽南回援，将罗军看成是救命的稻草。在新昌、万载太平军攻陷瑞州、临江，逼近南昌之际，曾国藩除手忙脚乱急调副将周凤山在九江全军驰往堵剿外，十一月二十一日，又向咸丰帝奏称："罗泽南一军系两湖巡抚奏调奉旨饬赴湖北剿贼。入楚以后，克复通城，克复崇阳，大捷羊楼峒，克复蒲圻，战功屡著。兹石逆大股猝来江西内郡，恐周凤山一军尚难迅速扑灭，江西官绅皆思调罗泽南回江会剿，以壮声援。"他更先斩后奏，"已飞饬罗泽南在于通城地方驻扎"，认为通城为湖北、湖南、江西三省的适中之地，与湖南之巴陵、平江，湖北之崇阳、蒲圻，江西之义宁州相距皆在百里内外。罗部驻此，可使石达开的大部队受到牵制，有所顾忌而不敢深入江西腹地；三省有急，可以兼顾。如周凤山一军不敷剿办，则再调罗泽南由义宁回江西助剿，"以为后劲之继"。如瑞州、临江的太平军能迅速被剿灭，"则罗泽南由通城回攻武昌亦不过二百余里"。

咸丰六年正月十三日，曾国藩又写信给罗泽南求援：称除了彭玉麟、周凤山二支部队外，江西无一军可以依靠。吉安被围，五十天而围未解；西路州县，被攻占二十余处而无人过问。军饷也已告罄，腊月就配发了一半形同废纸的钞票，各事办理诸多棘手。曾国藩说：从江西考虑，他深盼罗泽南回援。但从大局考虑，又很不愿意罗泽南回援。为什么呢？曾国藩分析产生这种矛盾心态的原因是："凡善弈者，每于棋危劫急之时，一面自救，一面破敌，往往因病成妍，转败为功，善用兵者亦然。今江西之势，亦可谓棋危劫急矣。当此之时，若雄师能从北岸长驱与水军鼓行东下直至小池口、八里江等处，则敝处青山、湖口之师，忽如枯鱼之得水，江西瑞州、临江之贼，忽如釜底之去薪。以不援为援，乃转败为功之要着也。若阁下仍从通城、义宁回援江西，则武汉纵能克复，恐败贼从而回窜。北岸既无重兵，外江之水师万无东下之理，内湖之水师终无出江之望。是回援而满盘皆滞，不援而全局皆生，国藩所反复思维而确见其然者也。"他又通报说，湖南拟以六千兵勇救援江西，"此举果成，则由袁州建瓴而下，较之阁下从外兜剿而入尤为得势"。他要罗泽南能打探确定此事真假，如湖南援师已成行，罗部即毋庸回江。他还提出了上、中、下三策让罗泽南考虑："国藩细察目下局势，阁下克复武汉后由北岸迅速东下，湖南援帅由袁州横出，上策也。湖南援师不成，阁下克复武汉后回剿瑞、临，中策也。援师既不成，武汉不复，阁下屯兵鄂渚，国藩亲率青山、湖口陆兵驰援腹地，与周凤山一军夹剿，此则近于下策而亦不能不出此者也。敢布区区，尚祈卓裁示复。"此信措辞委婉，将决定权交予罗泽南，许多地方吞吞吐吐，虚虚实实，更仿佛让罗泽南仍集中力量攻武汉，"以

131

不援为援"，但实乃欲擒故纵，深盼罗泽南迅速回援。

但一个多月后，曾国藩又紧急奏请调罗泽南部，此奏进一步大讲江西的危急和重要性，并说罗泽南在武汉已陷于胶着状态，难有进展，应先救江西："现在贼氛日炽，为军兴以来各省所未见。周凤山等军断难剪灭。迭接胡林翼等来函称：'武汉之贼坚守不出，我军攻城，不与贼兵斗，但与炮子斗，伤亡甚多，攻坚良苦'等语。是罗泽南在鄂一时尚难得手。臣等伏思军情有缓急，利害有轻重。两害相形，则从其稍轻者。假令武汉功在垂成，亦断不敢顾此失彼，堕贼牵缀之计。今既势难遽克，与其顿兵坚城攻遥遥无期之湖北，又不如移师腹地，救岌岌将殆之江西。武汉两岸三万余人，即无罗泽南一军亦尚足敷防剿。江省西南与湖南、广东接壤，若不迅速殄除，实为三省无穷之患。除臣国藩函商胡林翼等酌调湘勇回剿外，谨合词陈恳请旨饬下湖北抚臣速令罗泽南兼程来江援剿，实有裨于大局。理合附片具奏请旨。"

二月二十一日，曾国藩由南康返回南昌，与江西巡抚文俊会商防剿事宜，三月二十二日夜抚州府城被太平军占领。三月初一日，曾国藩为此上奏称，抚州与广信接壤，难保太平军不乘势袭击广信。而广信府"为奏报进京、江浙转饷之路，一有疏虞，四面梗塞，后患何堪设想"。现调湖口李元度一军由饶州绕回进剿抚州，以保广信；调青山水师退扎吴城镇，青山陆兵调赴南昌省城。此乃无可奈何之举："上年九江、湖口水陆万余人，今全数撤入内地。长江之大局莫顾，东北之藩篱遽弛，前功尽弃，回首心伤。然腹地无兵可调，舍此亦别无他策。"他强调，目前寄希望能够挽回全局者，在内只有李元度一军，在外只有罗泽南、刘长佑二军。但袁州、临江之路久已梗塞不通，刘长佑之军一直无入境确切消息。所以，"其罗泽南一军及广东防剿赣州之师请旨再行催饬，迅速来江援剿"。

咸丰帝得知江西的危险形势后十分紧张，在接曾国藩等人最初奏请时即下旨要湖广总督官文和胡林翼考虑让罗泽南回援。但官文、胡林翼从本位利益考虑，再也顾不得与曾国藩的交情，由官文出面在十一月上奏，坚留罗泽南部在楚。昏庸而又贪功急于求成的咸丰帝又于十一月二十日下旨同意官文所请。随后胡林翼则又奏可以迅速攻克武汉，咸丰帝又在十二月十二日发上谕："罗泽南进攻武昌，正在得手，据胡林翼等奏即日可期克复，未便遽行撤回。俟武汉克复后该道或径趋江西，或由崇、通攻贼之后，再当酌量催调。"

到了咸丰六年三月初一日，武昌仍未攻下，胡林翼又奏称："臣再四思维，南岸各军力攻八十余日，战士良苦，功隳垂成，遽行撤调，则亦不足以激扬士气。且罗泽南之军正月、二月饷项亏欠，江西库帑亦竭，即令刻日速援，而欠饷行粮必应速为筹措。臣之水师火具已齐，湖南大炮已到，默计旬日之内春汛初起，汉阳南岸嘴之沙渚可期涨溢，则贼舟难于闭藏，水贼或可烧而走也。"摆了一大堆理由，不同意罗泽南部回江西。但胡林翼留了一个尾巴，如果武汉克期不下，则"自当权其缓急，筹措饷项，先以数千赴援"。对此，咸丰帝三月十四日上谕赞誉"所筹甚是"。又要求胡林翼"如能于旬日之间攻克武汉，则罗泽南一军即可回援江西；倘克复尚需时日，先行

133

派兵分援，亦须仍由罗泽南等统带前往，方能得力。该督等务当权其缓急，不可稍存畛域之见，致误事机"。

随着江西形势的进一步紧张，咸丰帝终于倾向让罗泽南回援了："前因曾国藩等请饬罗泽南回军援救江西，并胡林翼奏请暂留罗泽南俟旬日以后再行派兵赴援，当经谕令官文、胡林翼斟酌缓急办理。现据廉兆纶驰奏：'江西自吉安失守后，贼复于二月二十三等日连陷抚州、进贤、东乡、安仁各郡县，省城四面受敌，消息不通，请速拨官兵援救。'并据何桂清奏报：'江西省城探闻现已被围'等语。江西壤地毗连六省，形势极关紧要，现在逆势披猖，省城危急，设有疏虞则东南大局岂堪设想！此时筹拨援兵计，惟罗泽南一军驰赴省垣，庶危城可保。着官文、胡林翼酌量情形，如武汉贼势实已穷蹙，即照胡林翼前请先派官兵数千名驰赴江西，令罗泽南暂缓起程，以免功败垂成；若武昌急难克复，则罗泽南虽留无益，而江西省垣十分吃紧，即着官文等饬令该员统带原有兵勇克日起程，回援江省，并设法迅速驰赴南昌，毋稍迟缓，致误军机。"当然，咸丰帝还不知道，此时的罗泽南已殒命武昌城下了。

那么，作为双方皆倚畀殊深的罗泽南，对此采取什么态度呢？

我们看到，罗泽南始终坚持夺取武汉这一战略思想而不动摇。针对曾国藩的动摇反复，罗泽南于咸丰六年二月二十四日（1856年3月30日）致信曾国藩，再次分析全局，阐述不能从武汉遽退的观点。他认为，他统领的湘军虽已久屯武昌城下，却"与去岁智亭军门（塔齐布）之围九江其势不同"。那时湘军控制不了九江及附近的局面，即使勉强攻下九江，也只能得一孤城，于大局无补。而现在武昌南北两岸已为湘楚军所控制，"江面自沌口而上皆为我有。其所未围者，祇水路下游一面，而杨厚庵之水师已料理下泊。现在贼粮将尽，势日穷蹙，若得水陆俱下，釜中之鱼必不能久生"。而罗部一旦撤围回救江西，胡林翼的部队根本支撑不了局面，必将导致全局崩溃，"不特前功尽弃，其祸殆有不可知者……贼必如去秋故事，上犯咸宁、蒲圻以窥岳州，其祸不独在湖北，即湖南亦将难以支持"。

他表示充分了解江西的困难和重要，理解曾国藩等人要其回援江西的心情："特江右东南腰膂，一有不虞，东面之闽、浙，西北之两湖，皆有唇齿之患。且南通两粤，贼之诡计每思由江西、湖南以通粤中之气，石党之上赣州，实欲为此。不急图维，则东南之祸亦将不可胜诘。"但是，从战略来看，"武汉天下枢纽，我与贼所必争之地，垂成而急释之，尤非策也"。罗泽南坚持必须从全局出发，统筹考虑："两湖之人，只知两湖之宜守，谓湘勇不可遽行。江右诸公祇计江右之多难，谓湘勇必当速援，此皆非通筹全局之论。"他坚决主张还是先攻武汉，告知曾国藩关于主力仍驻洪山攻城、分兵窑湾截太平军粮道等计划，一俟"武汉克复即偕水师下浔城与大营会。即一时不能得手，亦必与此城相终始。如此行之两面可以兼顾"。并信心十足地宣称："大约来江之期，在三月中也。"他也对胡林翼讲述了这一思想："罗泽南之议则曰：'武汉为南北枢纽，视他省关系独大。上绾荆、襄，下控吴、皖，未可弃而不顾。'"

此话更是言简意赅，一语中的。

由于罗泽南的坚持，湘军始终未撤武汉之围，最后获得了成功，彻底扭转了战局，从而再一次证明了罗泽南战略的正确性和其理学、军事学的深厚素养。

以刀杀人与以理杀人

罗泽南既认为不能爱反抗封建统治的暴民，而镇压"暴民"就是"爱民"，因此，在这一思想指导下，他对太平军表现得特别凶残，杀戮战俘，成了他的家常便饭。例如，咸丰四年九月攻占兴国时，生擒太平军五十三名，其中有总制汪茂先、师帅二名、旅帅四名、两司马八名，"皆发长尺余"，罗泽南认定他们皆是太平军老战士，"立即枭示"。湘军由兴国南门入城时俘获太平天国的知州胡万智。胡万智又是太平天国举行的科举所中进士，对这一背叛"圣道"的另类知识分子，罗泽南本已满腔怒气，加之胡万智忠于天国，系"力守州城希图再举者。供词狂悖，至死不悔，当即凌迟枭示。复捕获余匪二十余名，就地正法"。随后湘军各营又生擒太平军一百三十四名，罗泽南等人认为"仅予枭示，不足蔽辜，概令剜目凌迟"。

又如同年十一月双城驿之战，生擒太平军九十四名，"就地正法"。随后的濠港战斗，太平军战败，败退入孔垅驿市内，被湘军"生擒长发七十九名，内有右副丞相余福胜一名，总制陈姓、雷姓二名，师帅、军帅十余名，立予正法"。有时，其野蛮、残忍的手段令人发指。咸丰四年八月攻占武昌时，罗泽南等人竟然怂恿其部下和居民生食被俘的太平军战士的血肉和心肝！同样，咸丰五年九月底，太平军在壕头堡一带歼灭了罗部数百人，并击毙其将领彭三元、李杏春。随后，罗泽南又在羊楼峒战胜了太平军，各路共杀毙太平军九百余名，"多系长发老贼，内有伪总制黄姓、伪指挥李姓，身怀伪印。生擒七十余名，杀之以祭壕头堡阵亡将士。诸勇尤痛恨切齿，争啖其肉"。而且，战事愈棘手，罗泽南的报复越强烈。如咸丰五、六年再攻武昌时，由于太平军英勇抗击，罗泽南更凶悍万分，残忍至极。再攻蒲圻，"生擒（太平军）一百一十余名……审明正法"。咸丰六年正月十四日（1856 年 2 月 19 日），武昌城一场激战后，湘军将阵亡的太平军将士"皆分碎其尸，掷于城下以示贼"。二月二十三日（1856 年 3 月 29 日）在沙湖，罗泽南部又"毙贼六七百人，分裂其尸，血流湖际"。

在挥舞屠刀的同时，罗泽南又运用程朱理学进行说教，影响人民的思想，力图把人民的行动限制在其允许的范围之内。

早在道光二十八年（1848）当塾师时，罗泽南即以四字一句的韵句形式将朱熹的《小学》改编成了《小学韵语》，作为初学者的启蒙读物。咸丰六年正月三十日（1856 年 3 月 6 日），罗泽南在武昌洪山军营与太平军作殊死搏斗的间隙，却不忘将此书刊刻付印。其目的，在序言中他说得很清楚，是要人们"日亲当代崇实之儒，拔本塞源，共正天下之学术，学术正，则祸乱有不难削平者"。即企图让人们遵循理学的伦理纲常，从根本上剪除一切异端思想，以维护封建统治。

《小学韵语》的最大特点是通俗易懂。读起来朗朗上口，记起来毫不费力，正句旁边还有注释。然而，就在这浅易词句的背后，此书宣扬了孔孟之道的一整套内容。

性善论是孔孟之道的思想基础。该书对此照本宣扬："人之初生，至善者性，仁义礼智，天之所命。"

宣扬封建伦常，是该书的重要内容之一。罗泽南在注释中明确指出："伦常，君臣、父子、夫妇、昆弟、朋友之道也。"如对父母，该书以孝为核心，详细规定了平日侍候起居、侍养、侍疾、服丧的一整套礼仪，要求"敬其所敬，爱其所爱，先意承志，罔敢或悖"，并赞扬"二十四孝"，以此作为榜样楷模。在夫妇方面，该书强调女子要绝对服从男子，"夫之笥箧，妻不敢兼，夫之辉椸，妻不敢悬"，强调"从一而终"的观点："臣不二君，女不二夫，一与之齐，终身与俱，不幸夫丧，守节忽坠。饿死事小，失身事大。"君臣方面，罗泽南更着力宣扬忠君观点："君尊臣卑，万世之纲""以忠报国，随位皆然"。臣子要"毋避艰险，毋恋富贵""一临大节，死生不渝"，在此问题上，不能"患得患失"，绝不允许有半点犹豫，否则就会成为佞臣叛逆："小而舐痔吮痈，大而弑父与君。"

该书宣扬的另一个重点是修养，特别强调要"持敬"，即对封建伦理纲常要尊敬直至畏惧。罗泽南明确指出："敬威仪、饬伦常二者，乃一篇之纲领也。"要人"罔念作狂，克念作圣，彻始彻终，惟是一敬"。他也未忘宣扬从孔孟到朱熹的道统，鼓吹要继承这种道统，真诚信奉程朱理学。

五、终成"忠节"

罗泽南行军所到之处，总要修葺理学和历代忠义人物的祠墓或有关遗址，借以宣扬理学思想。咸丰三年（1853）罗泽南驻军郴州时，重修了韩愈留下的义鱼亭，为此写了《重修义鱼亭记》，赞扬韩愈忠心为国、仗义执言的行为，并借黄巢起义的历史来攻击太平天国起义。咸丰五年（1855）罗泽南率军攻九江，在戎马倥偬之中去拜谒并重修了周敦颐墓。他大发感慨说："吾道之兴废，世运之盛衰所由系也。"认为从古至今祸乱的发生皆是"圣学不明故也"。提出"救乱如救病，养其元气，邪气自不得而入"。鼓吹要强化理学教育。同年在广信，罗泽南修复了宋末抗元将领谢枋得的祠堂，借此宣扬忠君尽节的思想。他认为这是"急务"，因为"人之所以能撑持世运者，此节义耳"。他鼓吹这种节义说："夫节义岂必时穷而后见哉？天下无事，士人率以名节相尚，处则浴德澡身，出则为斯民兴利除害，斯世必不至于乱；即乱矣，相与倡明大义，振厉士气，当万难措手之际，从而补救之，削平之，未始不可挽回。古之人所以能制于未乱之先，弭于既乱之后者，惟赖有此耿耿之心为之维系于其间耳。"越是困难之际，他越强调这种能动性和决心。酝酿回援武汉战略时，罗泽南向曾国藩表示："天下无难事，视乎其为之者而已，以其难为遂皆束手而不前，斯世之事更教谁做。古人事业固无有不从艰难中做出者。"武昌未克，曾国藩调其回援江西时，罗泽南复信不仅坚持自己的战略，更提出："天下之事，在乎人为，决不可以一时之波澜，遂自灰其壮志也。"慷慨激昂，为曾国藩也为自己撑腰打气。当然，历史是不会因其拼命阻挡而停止前进的。

事实上，罗泽南的一切行动皆自觉地以理学为指导。在九

139

江，他随身携带一册朱熹的《周易本义》，不断占卜，"时从披览以验时事之消息"。他以天下为己任，为维护清王朝统治任劳任怨，所以曾国藩称他："公在军四载，论数省安危，皆视为一家骨肉之事，与其所注《西铭》之指相符。"

直至死时，罗泽南仍以理学来策励自己，念念不忘的还是清王朝的安危和圣道的实现。

武昌难下，江西告急，成了罗泽南致死的催命符。

为了尽快攻占武昌以回救江西，罗泽南"日夜忧愤，督战益急"，已杀红了眼，"虽水陆勇弁中伤已逾三千人，而忠毅之气不容少懈"。其最后几场血战尤为惨烈：

二月二十五日（1856 年 3 月 31 日），按罗泽南的部署，李续宾、刘腾鸿等移营窑湾，以断太平军的粮饷军资接济。

二十六日，李续宾率右营、刘腾鸿率后营、赵克彰率奇字右营、李续焘率副右营各以六成队由广兴洲进攻塘角，太平军战败，湘军追杀十里，又烧毁太平军卡垒两座。太平军预先派数千人占据小龟山，故作绕湖后来袭之状，而实欲阻绝洪山湘军东路部队，使其不得与窑湾一军会合。这成了湘军的一大障碍，罗泽南遂率中营、副中营，蒋益澧率左营，何绍彰率仁营，由东门向小龟山的太平军发起猛烈进攻，唐训方又率营循城下至山尾进行截击，太平军战败，被毙六七百人，内有将领五人，夺获太平军"左十一军正典粮"印一颗，大黄旗十二面，小黄旗三十四面，刀矛二百余件。

二十八日，胡林翼、罗泽南、李续宾各部又发动了会攻。太平军因二十六日新挫，闭门不出，只在城上开枪放炮，拼命

140

死守，罗泽南的目的又未如愿。

此时太平军见湘军分兵占领窑湾，陆路往来之接济已被切断，十分焦急。为打破封锁，坚守武汉，遂不断从九江、黄州、兴国、大冶等处增调援兵。三月初二日（1856 年 4 月 6 日），太平军洞开城门，兵分数路，主动出击：一由望山门出二三千人循江堤而上，以牵制在石嘴之清军川兵；一以三四千人由八步街潜行，企图从侧后袭击胡林翼营；又以三四千人由长虹桥正面冲击胡林翼营。胡林翼部先胜，杀太平军五百人，同攻胡部的其余太平军也难立足，皆退入城中。

在攻击胡林翼的同时，太平军由武胜门、忠孝门冲出，攻击罗泽南部：四五千人占据小龟山，三四千人占据紫金山，又以小支千余人占据双凤山，又从鹰嘴阁出三四千人以袭唐训方营，与此同时，而将宾阳门虚掩，寂若无声，这是太平军的特意安排，"贼意之所专注也"。

罗泽南驻军洪山，见状即派蒋益澧、唐训方两部攻击小龟山；派何绍彩攻击紫金山；派叶永泰、秦国胜攻击鹰嘴阁；而罗泽南自率中营分布于洪山左右以防备宾阳门的太平军。蒋益澧、唐训方、何绍彩各部在小龟山、紫金山与太平军"殊死战，不少却，枪炮已热，则以刀矛接战，拨剌有声，历一时许"，将太平军击败。此时太平军万余人突由宾阳门冲出，横亘在湘军前，既以救援败退的太平军，又企图乘湘军主力远在小龟山及紫金山，乘胜直扑兵力空虚的洪山大营。罗泽南见状即率中营、副中营自洪山驰下正面拦击，何绍彩、唐训方由后夹攻，杀毙太平军数百人，太平军遂向城内溃退。罗泽南即乘胜追击，企图乘乱尾随进城。太平军急下闸板，猛烈射击，湘军"不能退，罗公策马躬拒之，三退三进，军几溃"。罗泽南因在前锋，遂被击中："城上枪炮密如雨点，罗泽南立马城门，左额中枪子，血流被面，衣带均湿。"但他十分顽强，"然犹驻马一时许，强立不移"，竟使湘军安然撤退。

与此同时，进攻东南面赛湖和窑湾等处的太平军也被湘军击败。

胡林翼得知罗泽南负伤，十分震惊，即日前往洪山大营探望。罗泽南还能"驻坐营外，指画战状"，他向胡林翼述及急于图功而负伤的原因和经过："兼以师老饷匮，贼匪坚闭已久，有机可乘，急欲斩关直入，破武汉以速援江西，不期为守城之贼所伤甚重。"深以"未能尾贼入城为恨。且言武汉自古用武地，贼必死守，不力战，恐荆、襄、岳、鼎均无干净土矣"。此后几天，他则"日夜危坐不眠，与在营诸将议攻城方略"。胡林翼即驻其营中，为其延医诊治，但"伤深二寸，子入脑不出"，在当时条件下，无法医治。初五日又口占忠义祠楹联，授左右书写下来。初六日（4月10日）罗泽南已病危，开始昏迷，但"口喃喃念时事，无一语及其私"。一度清醒时，他又仰卧书写道："愿天再生几个好人，补偏救弊，何必苦限此蚩氓!"至初八日巳刻死去。临终前，胡林翼"见其神散气喘，汗出如洗"，不禁为之痛哭，罗泽南则握住胡林翼的手说："危急时站得定，才算有用之学。今武汉未克，江西复危，力薄兵单，不能两顾。死何足惜，事未了耳，其与李续宾好为撑持。"言未毕瞑目而逝，终年五十岁。所谓"有用之学"当然是指理学、经世之学。可以说，罗泽南的后半生是与它们相始终，至死不渝。

罗泽南的去世，引起了湘军头面人物的巨大悲伤，对其悼念的诗词、挽联，铺天盖地。

如胡林翼撰诗称："十万貔貅会武昌，天时人事两茫茫。英雄热血吴江碧，丑虏妖氛楚塞黄。马帐夜谈窗挂月，蚬旌晓发剑飞霜。相期肝胆歼狂寇，愁看东南满战场。"所写挽联一为："公来使我生，公去使我骇，公逝使我悲，七尺躯系天下安危，存宜尸祝，殁宜尸祝；贼至还他战，贼退还他守，贼炽还他死，一腔血酬半生知己，成亦英雄，败亦英雄。"另一联为："上马杀贼，下马著书，仗大力撑持，真秀才，真将军，真理学；前表出师，后表誓志，痛忠魂酸楚，有寡妇，有孤儿，有哀亲。"

左宗棠的挽联则为："率生徒数十人转战而来，克廿余城，杀几万贼，是谊友，是忠臣，独有千秋，罗山不死；报国家二百年养士之泽，提三尺剑，著等身书，亦纯儒，亦良将，又弱一个，湘水无情。"

曾国藩为罗泽南写了碑铭，但此外挽诗、挽联皆未见。曾氏最爱撰联，对亲属好友常有联语，甚至多次为在世活人预撰挽联，按理对罗泽南更不应缺，此事可谓反常，是遗佚还是另有深意？

而在当时，曾国藩、胡林翼更深感顿失得力臂膀，曾、胡皆向清廷陈奏罗泽南的功业，请求清廷破格褒奖。

胡林翼奏称："再查布政使衔浙江宁绍台道罗泽南，以诸

143

生讲学，宗法程、朱。其所著《小学韵语》《西铭讲义》《周易附说》《方舆要览》诸书，体用兼备，洵堪辅翼名教。咸丰二年贼犯长沙，即日倡率生徒办理湘乡团练。忠义至性感动乡里，遂率其乡人转战湖南、江西、湖北，克城二十，大小二百余战，均经奏明在案。"在特别叙述了罗泽南关于回攻武汉的战略及阵亡时的"壮烈"后称："盖其心术学术，不愧名儒，故临危不乱，言不及私。而临阵勇敢，驭兵严明，犹其余事。"请求按特例赐恤："该员之父罗嘉旦，年八十一岁。长子罗兆作、次子罗兆升，读书应童试。其身后事宜由臣妥为经理，委员护送回籍。合无仰恳皇上天恩照二品阵亡例加等赐恤，出自逾格鸿施。该员功绩最著，并请于湖北、江西设立专祠。其湖南湘乡县本籍，自侍郎曾国藩倡义以来临阵捐躯之士最多，现经本籍绅耆拟请建祠入祀，应请即为罗泽南设本籍专祠，以士民弁勇附入祠内，以妥忠魂。"

曾国藩的奏折是请求为罗泽南立祠："窃罗泽南自去秋克复义宁州之后，单骑来南康，与臣面筹进取之策，矢志廓清武汉，以图会合水师夹江而下，仍为建瓴之势。遂以八月十六日启行遄往，力破崇、通、蒲圻之贼，直捣武昌。臣国藩以其顿兵坚城日久未下，恐师老挫衄。而江西寇氛孔棘，奏调罗泽南来援。于时道路梗阻，自正月以后，五次遣使赴鄂，迄无音耗，中心惶惑。至三月二十九日始得胡林翼细字复书，则罗泽南已于月初受伤殉节矣。臣以正在用兵之际，恐损士气，秘不告人，而江右士民潜知消息，咸深恸悼。旋以公论欲为建立专祠，禀请前来。臣伏查罗泽南自咸丰三年正月随臣出办团练，管带湘勇，慨然有志杀贼，以拯时艰。经今四载，大小百数十战，所向克捷，与江忠源、塔齐布同时并起，而战功则较两人为尤著。"他同样列举了罗泽南的一系列战功，特别是在江西的功绩后，笔锋一转："故江省士民深悔罗泽南去日未得攀留。而此日之吁请建祠为出中心之诚，舆论之公者也。臣又窃念罗泽南以穷苦诸生，砥学砺行，伏处授徒。咸丰元年荐举孝廉方正，亦未请咨赴京。其胸怀恬淡，不求闻达，概可想见。乃一旦仗义从军，毅然以身许国，冒危险而不顾及。蒙圣恩荐升监司，加衔藩牧，赏锡勇号，赏戴花翎，弥觉受宠若惊，誓灭贼以报君恩。闻其弥留之际，殷殷以武汉未复为憾。忠诚内蕴，久而弥笃。揆之有功德于民则祀、以死勤事则祀之义实属相符。合无仰恳天恩准予江西地方为罗泽南建立专祠，以褒臣节而从民望。"他们的奏折，一吹一唱，感染力极强，可谓生花妙笔而异曲同工。对罗泽南素有好感，且希望他人也能效法的咸丰帝，对曾、胡这两位捍卫清王朝东南半壁的依界对象的请求，是不会不给面子的。

很快，咸丰帝发上谕："胡林翼奏道员力战受伤殒命，恳恩加等赐恤等语。布政使衔浙江宁绍台道罗泽南，以在籍生员，倡率生徒办理团练。嗣因楚省贼氛猖獗，率其乡人自效戎行，转战湖南、江西、湖北等省，大小二百余战，克城二十。朕嘉其忠义奋发，屡著伟绩，由训导超擢道员，加布政使衔。方冀其攻复武汉，殄灭贼氛，克膺懋赏，兹因攻剿武昌，乘胜追贼，直逼城下，受伤殒命。览奏之余，深堪悯恻。罗泽南着加恩照巡抚阵亡例赐恤。伊父罗嘉旦着赏加头品顶戴。伊子罗

145

兆作、罗兆升均着赏给举人，一体会试，以示朕褒恤荩臣至意。并着于湖南本籍及湖北、江西地方建立专祠。其湘乡县士民弁勇打仗阵亡者，着一并附入罗泽南本籍专祠，以慰忠魂。该部知道。"随后又特赐谥号"忠节"。按清廷规定，汉员一般只有位居督抚及以上者才能予谥。翰林出身者谥号才能为文。罗泽南秀才功名当然不能谥"文"。但给予谥号，应属破例。他被谥为"忠节"，即是取其忠于封建统治，忠于封建伦理纲常而为之殉节之意。

罗泽南的部队，由其大弟子李续宾接统，胡林翼奏称："罗泽南自带之一千六百人，新失所主，必须慎选将弁，派令专管，以归李续宾统带。"李续宾承罗泽南衣钵且更强悍，所部进一步发展为湘军最精悍的劲旅，因而更得咸丰帝的依畀，直至咸丰八年（1858）在安徽三河镇被英王陈玉成歼灭。李续宾所得身后荣典也超过了乃师。追随罗泽南与太平军作战的其他一些弟子，凡幸存者皆有了一定的地位。如杨昌浚、李续宜皆曾任总督、巡抚。

罗泽南死后，罗家生活"并不忧贫"。估计罗泽南带兵时即奠定了富裕的基础，湘军将领多是如此，罗泽南也难脱此窠臼。不过据说罗泽南尚不十分贪婪，仍带有学究的一些气息。

罗泽南的父亲在同治二年去世，这位"封翁"终年有八十八岁，堪称高寿。

罗泽南的三个女儿，除三女儿情况不知外，长女嫁王开仞，湘军大将王鑫之弟，秀才，与乃兄同为罗泽南弟子。次女嫁刘蓉之子国子监生刘鸿业。总体来看，应属境况不错，至少是缙绅、中上层人家。

但罗泽南的两个儿子，看来并不争气。罗兆作生于道光二十四年（1844），原配张氏所出。罗兆升生于道光二十六年（1846），妾周氏所出。罗泽南去世时他们才在十三岁和十一岁的童年。由于罗泽南的功勋，他们坐享富贵，再无罗泽南当年的饥寒生活，特别是小小年纪就有了"举人"功名，这更是乃父及一大批寒儒梦寐难求的。罗泽南的亲友皆对他们寄予厚望，盼望他们能读书上进，承继功业，光耀门楣。如曾国藩曾对他们的塾师函称："再，闻驾明年设帐罗宅，不胜欣慰。罗忠节公之二子正值韶年，一刻千金，得师殷勤诲迪，可冀成立，亦有以对亡友于地下矣……现在罗家两世讲天姿尚好，可否一面教之学作赋？"咸丰五年，胡林翼将自己的九妹福芝许配给了罗兆作。咸丰七年，曾国藩又将自己的三女儿曾纪琛许配给了罗兆升。此事还费了一番周折：定亲后，曾国藩发现罗泽南生前已为罗兆升择定了李续宾的女儿。最后李续宾同意退掉了这门亲，将女儿改配曾国华之子，罗兆升终成曾国藩快婿。

然而，事实让他们这批父执大跌眼镜。

曾国藩很快发现，罗兆升与其长婿袁秉桢一样皆是纨绔，根本不愿读书，不事产业，整日游荡，酒色无度。曾纪琛痛苦不堪，请求其兄曾纪泽向曾国藩倾诉，曾国藩从理学立场出发，要乃兄对其告诫："罗婿性情乖戾，与袁婿同为可虑，然此无可如何之事。不知平日在三女儿之前亦或暴戾不近人情否？尔当谆嘱三妹柔顺恭谨，不可有片语违忤。三纲之道，君

147

为臣纲，父为子纲，夫为妻纲，是地维所赖以立，天柱所赖以尊……君虽不仁，臣不可以不忠；父虽不慈，子不可以不孝；夫虽不贤，妻不可以不顺。吾家读书居官，世守礼义，尔当诰戒大妹三妹忍耐顺受。"罗兆作则虽不似乃弟那样恶名昭著，但也是庸庸碌碌，不堪造就。左宗棠也曾在给罗泽南大弟子杨昌浚的信中对此委婉说过："罗忠节公两子，弟均见过，彼时均不过十许岁，后不复相闻。兆升曾赏举人，不知曾赴礼部试否？子弟以读书为业，能通经史、敦内行者上也；工制举业，不坠秀才家风者次之。无论成才与否，总不要沾染名流架势，贵介排场，纨绔习气。有一于此，鲜不败其家者矣。兆升能在营读书，兼通时事，亦可为忠节留一读书种子，友朋之幸。"

罗泽南如地下有知，了解到儿子是如此德性，当会为家门不幸，更会为理学在罗家无继而跌足长叹了。

结　语

　　胡林翼曾说："湖南将士转战六七年，敢战之风始于江与塔与罗与李，已成风气。其猛将壮士之倦而思归者，一呼即出，三五万人不难招募。湖北不能，江西尤不能也。"又说："湖南勇丁敢战，因江、塔、罗、李开其风气，近年转斗数省，颇有骁勇之士。"

　　因此，罗泽南确实是湘军中不可替代的关键人物之一。某种程度上也可以说，是中国近代史上不可替代的关键人物之一。

　　然而，罗泽南更重要的影响是在于他的思想，特别是理学思想。他大大强化和发挥了理学的伦理纲常思想，他所着意强调的能动性、实践性，理学与经世之学相结合的思想，不仅构成了他理学的显著特点，更代表了 19 世纪中叶，中国社会剧烈变革时期理学的发展趋势。就湖南而言，罗泽南的理学是当时一批新理学派成员中最有系统、最具创造意味的思想。它既是我们研究曾国藩等人的理学的主要借鉴，更是我们研究王鑫、李续宾等"罗山弟子"思想的钥匙。而由这些人组成的湖南新理学派，直到 20 世纪初仍对中国社会和思想有很大影响。所以，罗泽南的理学等思想是我们窥看近代思想发展的一个窗口。

附　录

年　谱

1808年1月19日（清嘉庆十二年十二月二十二日）　生于湖南省湘乡县
爱湾洲善庆乡新林里。

1812年（嘉庆十七年）　开始读书，入堂叔父罗简拔塾馆。

1816年（嘉庆二十一年）　入族叔罗巨卿塾馆。

1817年（嘉庆二十二年）　回罗简拔塾馆。

1819年（嘉庆二十四年）　入徐姓先生塾馆。

1820年（嘉庆二十五年）　入族叔罗廷弼塾馆。

1822年（道光二年）　从张叠浦学。

1824年（道光四年）　娶妻张氏。张氏与罗泽南同龄，同乡张致遂女。

1825年（道光五年）　应童生试未过。在石冲萧宅教馆。母萧氏去世。

1826年（道光六年）　肄业涟滨书院。嫂萧氏、兄罗清漪先后去世。

1827年（道光七年）　在椿树坪教馆。

1828年（道光八年）　在新塘刘宅教馆。长子丙生。

1829年（道光九年）　在石灰塘匡宅教馆。冬在双峰书院从本县秀才陈达
卿读书。

1830年（道光十年）　在新塘刘宅教馆。祖父罗拱诗去世。

1831年（道光十一年）　在江家塘张宅教馆。次子辛生。常与罗启明论
学。湖南永州府江华县锦田乡长塘寨赵金龙率领瑶民五六百人起义，
并一度攻占新田县城。

1832年（道光十二年）　仍在张宅教馆。次子、长子先后夭亡。

1834年（道光十四年）　在新泽李宅教馆。三子兆杰生。

1835年（道光十五年）　仍在李宅教馆。赴省参加童生试院试未过。时里中旱疫并作，兆杰及侄均殇。张氏因哭子伤甚，双目失明，耳重听。己亦多病。但仍坚持读书。

1836年（道光十六年）　在流南塘陈宅教馆。受同馆塾师王安辅影响，读《性理》，开始研究性理之学，改号"悔泉"，作《号悔泉说》。长女出生。

1837年（道光十七年）　仍在陈宅教馆，著《常言》《上达图》，《常言》后改定名《人极衍义》。

1838年（道光十八年）　仍在陈宅教馆，作《悔过铭》。开始与同邑刘蓉交往。

1839年（道光十九年）　以郡试第一名成绩考取秀才，入县学。

1840年（道光二十年）　肄业城南书院。与宁乡刘典、浏阳谢景乾同学。作《周易朱子本义衍言》。第一次鸦片战争爆发。

1841年（道光二十一年）　在洲上宋宅教馆。反对永昌双峰书院在新建文昌殿立像，主张立木主，建议被采纳。

1842年（道光二十二年）　仍在朱宅教馆。中英《南京条约》签订。

1843年（道光二十三年）　在新泽李宅教馆。娶妾周氏。

1844年（道光二十四年）　在贺修龄家教馆。曾国藩之弟曾国华、曾国荃随其读书。著《姚江学辨》。

1845年（道光二十五年）　仍在贺宅教馆。著《孟子解》。

1846年（道光二十六年）　在洲上朱宅教馆。从学者有李续宜、钟近衡、左孟香、左仲立等。

1847年（道光二十七年）　在左春辉家教馆。学政岁试一等，成廪膳生。改定《人极衍义》。初识唐鉴。

1848年（道光二十八年）　仍在左宅教馆。从学者王鑫、王开仍等。科试一等。与唐鉴、贺长龄交往。贺长龄逝世，承遗命任贺氏家塾塾师，教授其子。著《小学韵语》。

1849 年（道光二十九年）　仍在左宅教馆。著《西铭讲义》。立乡约，防除诬陷之弊。

1850 年（道光三十年）　在汪家冲孔宅教馆。著《皇舆要览》。被举孝廉方正。

1851 年（咸丰元年）　在贺长龄家教馆，为贺长龄女与曾国藩子纪泽作伐结姻。

1852 年（咸丰二年）　仍在贺长龄家教馆。太平军入湖南，七月进攻长沙。湘乡县令朱孙诒檄与刘蓉、王鑫办团练。长沙围解，巡抚张亮基奏保以训导归部铨选。

1853 年（咸丰三年）　太平军西征。为张亮基檄调与王鑫带练勇赴长沙。曾国藩奉旨办团防，所部即隶之，成湘军骨干。被巡抚骆秉章保奏以知县用。太平军进围南昌，被派前往增援。

1854 年（咸丰四年）　驻军郴州，旋回衡州，与曾国藩改定湘军营制，管带中营。攻克岳州，被保奏以知府尽先选用，并赏戴花翎。旋被授浙江宁绍台道道员。攻占半壁山、田家镇，配合湘军水师破太平军水师。被赏加按察使衔。旋被加叶普铿额巴图鲁勇号。围攻九江，未克。

1855 年（咸丰五年）　续围九江，在江西流动作战。旋率军回攻武汉。被加布政使衔。祖父母、父母获二品封典。著《周易附说》。

1856 年（咸丰六年）　续围攻武昌。刻印《小学韵语》。三月初二日在忠孝门外被枪子击中左额，伤深二寸，子入脑不出，无法医治。初八日巳刻卒。清廷随照巡抚阵亡例赐恤，予罗嘉旦头品顶戴，罗兆作、罗兆升举人，并于湖南本籍及湖北、江西地方建立专祠。予谥"忠节"。四月二十三日，归葬故里。

主要著作

1.《人极衍义》，道光十八年（1838 年）、咸丰九年（1859 年）长沙刊本。

2.《姚江学辨》，道光二十四年（1844 年）、咸丰九年（1859 年）长沙刊本。

3.《读孟子札记》，道光二十五年（1845 年）、咸丰九年（1859 年）长沙刊本。

4.《小学韵语》，道光二十八年（1848 年）、咸丰六年（1856 年）长沙刊本。

5.《西铭讲义》，道光二十九年（1849 年）、咸丰七年（1857 年）长沙刊本。

6.《周易附说》，咸丰五年（1855 年）、咸丰九年（1859 年）长沙刊本。

7.《皇舆要览》，道光三十年（1850 年），未刊，现藏于湖南省图书馆。

8.《罗山遗集》，同治二年（1863 年）长沙刊本。

9.《罗忠节公遗集》，沈云龙主编《近代中国史料丛刊》第 53 号，第 331~332 页，台北文海出版社，1967 年。